論語

中文經典100句

台灣師範大學國文系季旭昇教授 總策畫
文心工作室 編著

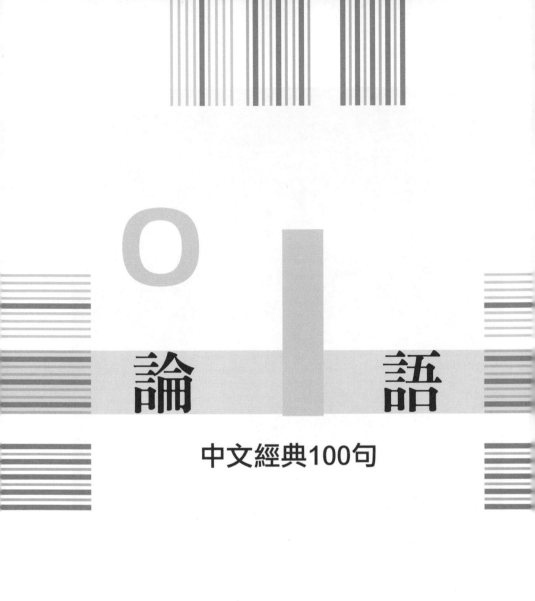

〈出版緣起〉

站在文化巨人的肩膀上

季旭昇

「犁明即起，灑掃庭廚。忘著窗外，一片籃天白雲，令人腥情振忿。隨便灌洗一下，整理遺容之後，走到客聽，粘起三柱香，拜完劣祖劣宗，希望祖宗給我保屁。然後匆匆敢往朋友的壽宴，為朋友舉殤祝壽，大家喝的慾罷不能。談到朋友的事葉出現危機，我就建議他要摒持理念、拿出破力。朋友也免勵我要多用功，才能寫出家譽戶曉、躑地有聲的文章。晚上我開始發糞讀書，日以繼夜的終於寫完這一篇文章。」

這是用現在見怪不怪的錯字集錦而成的一篇小文，果然可以「擲地」，但是未必「有聲」。近年來，這種錯字太多了，老師開始憂心、家長開始憂心、社會賢達開始憂心，只有學生和教育主管當局不憂心，教育主管當局甚至於還要進一步削減中小學的國語文授課時數。終於，社會的憂心迸發了，由各界組成的「搶救國文聯盟」日前已起來呼籲教育主管當局要正視這個問題，不要坐視國家競爭力一日一日的衰落。

身為文化事業一份子的商周出版，老早就在正視這個問題了，所以洞燭機先地策畫了「中文可以更好」系列，為文字針砭、為語文把脈，希望把這些年語文界的毛病治好。各界反應還不錯。語文的毛病治好了，體質還是不夠強壯。商周出版認為進一步要熬十全大補湯，讓我們的語文更強壯。這「十全大補湯」就是「中文經典一〇〇句」系列。

《荀子．勸學篇》說：

「吾嘗終日而思矣，不如須臾之所學也。吾嘗跂而望矣，不如登高之博見也。登高而招，臂非加長也，而見者遠；順風而呼，聲非加疾也，而聞者彰。假輿馬者，非利足也，而致千里；假舟楫者，非能水也，而絕江河。君子生非異也，善假於物也。」

學畫一定要先從芥子園畫譜學起。芥子園畫譜是初學者的「經典」。張大千的畫藝要更上層樓，所以要去千佛洞臨壁畫。千佛洞是張大千的「經典」。學書法的人要學二王顏柳，二王顏柳是書法界的「經典」。

經典是古代聖賢才智的結晶，是民族文化的源頭。

多認識經典可以讓我們站在巨人的肩上，長得更快、更高。

多認識經典可以讓我們的思想、文字帶有民族智慧、民族風格。

《論語》、《史記》、《古文觀止》、《孟子》、《莊子》、《戰國策》、《詩經》、《唐詩》、《宋詞》、《紅樓夢》等，這十本書應該是現代國民的「最低限度必讀經典」，做為這個民族的一份子，沒有讀過這十本書，就稱不上這個民族的「知識分子」。但是，現代人實在太忙了，大人忙著五光十色、小孩忙著被教改、社會忙著全民英檢、國家忙著走出去，人人都在盲茫忙，商周出版因此為忙碌的人們燉一鍋大補湯，用最活潑簡明的文句，把經典的精粹提煉出來，讓大家可以在「三上」（馬上、枕上、廁上）閱讀。在做完文字針砭、為語文把脈、把病痛治好後，讓我們來培元固本，增強功力，站在文化巨人的肩膀上，看得更高，飛得更遠！

（本文作者現爲台灣師範大學國文系教授）

〈專文推薦〉

秀一口經典名句，很酷

卜大中

這年頭國文不好變成流行，表示你精通電腦，所以用電腦語言寫東西。它的特點是：多同音字、多注音字、多諧音字、多表意數字。國文老師急死啦，老一輩的知識分子也罵人了。其實，英、法、日、美等國也有同樣的焦慮，都罵他們的年輕人太混，語言文字愈來愈差。所以，是全球化現象。

同音字亂用，是打字輸入用注音或漢音的緣故，然後懶得改，就「約定俗成」啦！例如「列祖列宗」變成「劣祖劣宗」；「品學兼優」變成「品學兼憂」。老師怎不抓狂？注音代替正式的字也很流行。諧音字是搞笑的同音字，父母老師搞不懂就罵人啦！數字更氣死老先生，「5201314」是啥啊？是「我愛你一生一世」也。「04438」又是什麼東東啊？「你是死三八」也。

老先生不懂電腦，不知道年輕人在聊天室發明新字耍酷，也不知道同音字的流行，以為國文完蛋啦！「斯文掃地」啊！其實，沒那麼嚴重，年輕人叛逆，就喜歡顛覆傳統文字的用法，以追求次文化的同儕認同。上網聊天誰敢用正宗國語，誰就被認為是LKK（老扣扣），LPG（老屁股），很遜的。

不過，話說回來了。如果年輕人將來要進新聞界、要當律師、要當老師、要當作家、要做與寫文案有關的工作，國文就不能像現在這樣胡混亂搞，還是要能通過較高的考驗。如果，要寫封像樣又嚴肅認真的情書，對象是水準很高的人，那套電腦頑皮語言就既機車又白爛了。非砸鍋不可。所以，在電腦上儘管無厘頭亂寫耍寶，可是還得把國文學好。

以前坊間的國學書都是夫子自道，酸腐呆板，年輕人看不下去；現在商周這套書結合四大優點：注釋詳細、有名句誕生的由來、有背景故事、有現代情境式的運用，很實用又有趣味，年輕人不會拿在手上被同學譏笑。

這可不容易。作者的努力和出版家的眼光令人佩服。把國文練好至少沒壞處，隨手拿來唬爛女生也滿酷的。

大家來學中文經典吧！

（本文作者現為《蘋果日報》總主筆）

〈專文推薦〉

落實自己「經典」的一生

馬寶蓮

《說文解字》釋「經」：「織縱絲也。」「經」因此引申為常道、常則；能列入「經典」之作，自然代表著一種肯定，一種從古到今歷經時空轉換，仍能在日用人生中屹立不搖的價值。商周出版將《論語》規畫在「經典名句一〇〇」系列之首，其用心及尊重之情令人讚佩。

然而《論語》二十篇，佳言名句何止一百，如何揀擇？孟子推崇孔子是「聖之時者也」（〈萬章．一〉），夫子也曾自道「無可無不可」（〈微子．八〉），是以如何在書中呈顯孔子與時推移的智慧，不啻又是另一難度的考驗。

但由遍及全書所選取的一百句分析，可見編輯群的努力。舉凡個人人格的涵養（仁者，其言也訒；君子之過也，如日月之食焉）、進德修業的態度（知之者不如好之者，好之者不如樂之者）、知人論世的智慧（視其所以，觀其所由，察其所安；詩，可以興，可以觀，可以群，可以怨）、處群任事的器識（當仁，不讓於師；四海之內皆兄弟也；小不忍則亂大謀）等各類名言兼而有之。除了收錄大家耳熟能詳者外，其他諸如「犁牛之子，騂且角，雖欲勿用，山川其舍諸？」雖非人盡皆知，但其與「英雄不怕出身低」、「歹竹出好筍」等同的觀念，時值今日仍是給予許多人希望、自信的話語。由此也可見選取的普及性與獨特性。

至於每則名句則是由「名句的誕生」、「完全讀懂名句」（解釋、語譯）、「名句的故事」、「歷久彌新說名句」四部分循序開展。首先註明出處原文，隨即以淺顯的文字解說名句詞語，再對全句予以白話翻譯。因此青少年讀者可以很容易的瞭解名句的意思。至於名句的來龍去脈、歷來不同的重要解讀及相關的文史資料，則在「名句的故事」單元中呼應而出，不獨可見鄭玄、朱熹的注解，也可參考到近代蔣伯潛、楊伯峻及傅佩榮等學者精闢的說法；不唯引用了其他的論語篇章，《詩經》、《易經》、《三傳》、《禮記》、《孝經》、《史記》、《漢書》、《後漢書》、老子的《道德經》等的雋語、故實也適時間出，而且每每輔以深入淺出的改寫或說明，讀來親切有味、聯類不窮，無形中開啟了我們對更多經典的認識，也拉近了我們與更多經典的距離。

書中最膾炙人口的當屬「歷久彌新說名句」部分，一句「當仁，不讓於師」，分別以康有為、梁啟超的師生情誼到各自保國的舉措；以古希臘哲人亞里斯多德「吾愛吾師，吾更愛真理」，毅然與師柏拉圖在學術上分道揚鑣之舉加以印證，令人聯想到韓愈〈師說〉：「弟子不必不如師，師不必賢於弟子，聞道有先後，術業有專攻，如是而已。」從實際的事例說來，道理自是不言而喻。一句「人焉廋哉」可以談到諸葛亮「識人七術」、大文豪傑克·倫敦等作品中對眼神的描摹，甚至牌品云云。會心之餘，也不得不讓人擊掌稱嘆。一句「欲速則不達，見小利則大事不成」，則從心理學的EQ定義，旁徵博引到一些有關聯的相似詞。這樣百則下來，出入古今人物、中外典籍、方言俗諺者不知凡幾，讀來不僅興味盎然，也激盪出許多「推陳出新」、「舉一反三」的體悟。

我初讀文稿是在飛往韓國的飛機上，讀到「父母在，不遠遊，遊必有方」的解讀，頗有同感。下機隨即買了電話卡報平安。在「民俗文物館」挑選象徵長壽圖案的掛飾時，店員得知我與高齡的雙親同住，這對藝品變成了贈品。一本兩千五百年前孔子的言行紀錄，遂內化成我們的言行紀錄。

書中在言及孔子自況的名句：「其為人也，發憤忘食，樂以忘憂，不知老之將至。」引用了牛頓的名言：「如果說我比別人看得遠，那是因為我是站在巨人的肩膀上。」我們何其有幸，可以「站在聖人的肩膀上」，不妨就從閱讀《中文經典一〇〇句——論語》，開啟、落實我們自己「經典」的一生！

二〇〇五年二月二日

（本文作者現爲臺北大學中國語文學系副教授）

Contents／目錄

溫故而知新——學習求知

Contents／目錄

君子之德，風——領導風格

論語100

未知生，焉知死

——生活態度

求仁而得仁，又何怨

名句的誕生

冉有曰：「夫子為衛君乎[1]？」子貢曰：「諾[2]，吾將問之。」入，曰：「伯夷、叔齊[3]何人也？」曰：「古之賢人也。」曰：「怨[4]乎？」曰：「求仁而得仁[5]，又何怨？」出，曰：「夫子不為也。」

〈述而・十四〉

完全讀懂名句

1. 為衛君乎：為，幫助的意思。衛君，衛出公。衛靈公驅逐太子蒯聵，靈公死後，衛國人立蒯聵的兒子輒為君主，即是衛出公。晉人接納了蒯聵，並協助他攻打衛國奪取王位，衛國人奮力抵抗晉兵，形成父子爭國的局面。當時孔子正住在衛國，弟子不知道是否要幫助衛君以子抗父。
2. 諾：承諾，即「好」的意思。
3. 伯夷、叔齊：兩人皆為孤竹君的兒子，孤竹君遺命立叔齊為君主，叔齊想要讓哥哥伯夷，伯夷為了遵從父親的遺命便離去，叔齊也不當國王而逃走。最後兩人因為改朝換代，不願吃新朝代的東西，雙雙餓死於首陽山。子貢透過借問伯夷叔齊是何等人，來探試孔子對於父子爭國的立場。
4. 怨：埋怨，悔恨。
5. 仁：此章的「仁」，可解釋為「心安」。

冉有說：「老師會幫助衛君嗎？」子貢說：「好，我去問他。」子貢走進屋見孔子，問道：「伯夷、叔齊是什麼樣的人？」孔子回答道：「他們是古代的賢德之士。」子貢又問：

「他們心中會有悔恨嗎？」孔子說：「他們所求的是仁，也終於得到了仁，怎麼會有悔恨呢？」子貢走出來說：「老師是不會幫助衛君的。」

名句的故事

孔子不只一次稱讚「伯夷、叔齊」，司馬遷在《史記・伯夷列傳》也記載孔子稱兩人「不念舊惡」，朱熹解釋此章時說，伯夷、叔齊連國君都不願當了，怎麼會有什麼抱怨。

根據《史記》，伯夷、叔齊是商朝末年孤竹國（在今天河北省的盧龍縣西）國君的長子與三子，孤竹國國君在遺囑中表示要叔齊為王位繼承人。但在父親死後，叔齊認為伯夷是大哥，要把王位讓給他，但伯夷認為不能違抗父親的遺命，於是從孤竹國逃走，而叔齊仍不肯當國君，於是也逃走了。

於是，孤竹國百姓就推孤竹國國君的二兒子繼承了王位，史稱「夷齊讓國」。後來，伯夷、叔齊隱居在渤海之濱，聽說周在西方強盛起來，周文王是位道德之士，於是長途跋涉來見他。但來到周時，文王已死、武王繼位，武王派弟弟周公迎接，並承諾給他們俸祿與職位，但他們卻不悅地走了，因為他們希望武王不要討伐商。

後來，周滅商，伯夷、叔齊為了表示氣節，便不再吃周朝的糧食，隱居在首陽山（今天山西省永濟縣西），採山上的野菜為食。周武王派人請他們下山，他們仍拒絕下山到周朝作官，最後雙雙餓死。

歷久彌新說名句

有不少學者認為，伯夷、叔齊的「求仁而得仁」帶有失敗者的悲劇色彩，接近亞里斯多德悲劇使靈魂昇華的觀點，而最適合詮釋悲劇理論的人物，正是亞里斯多德的「師公」蘇格拉底。

蘇格拉底在雅典的法院，被指控他的學說有「不敬國神」、「另立新神」等罪，可以選擇喝毒酒、流放與「易科罰金」。後兩者雖然可以保性命，但卻等於承認自己有罪，因此他選擇了喝毒酒而死，捨棄生命追求真理。

雖然在現實中遭到失敗，仁者是毫無怨言的，因為他「求仁得仁」。晉代詩人阮籍的〈詠懷詩〉中有：「求仁自得仁，豈復歎咨嗟。」詩句中流露出對伯夷、叔齊求仁得仁的欽羨，同時也感嘆自己只能在亂世中「苟且偷生」。

阮籍是「竹林七賢」之首，生性放蕩不羈，有時興致一來，獨自遊山玩水，迷路了便放聲大哭，哭的不只是迷路，更是哭人生的「窮途末路」。阮籍行為荒誕，世人皆以為狂人，但當時掌握朝權的司馬昭卻不如此想，他使盡各種方法要阮籍當官，阮籍只好「裝瘋賣傻」地應付，不免羨慕起「求仁得仁」的伯夷、叔齊，甚至覺得就連「不得好死」的李斯也比自己強。

「求仁而得仁」常引申為無怨無悔的作為，或等同於「捨生取義」、「義無反顧」，例如戊戌六君子中譚嗣同之死便屬「求仁得仁」精神的體現。清末光緒皇帝百日維新，拔擢譚嗣同等年輕書生為官，不料慈禧太后反撲，維新土崩瓦解，譚嗣同本可以逃脫朝廷的逮捕，但他卻不走，並表明要用自己的血喚醒國人的愛國意識。在牢中他撿起地上的煤屑，在牆上寫下絕命詩：「望門投止思張儉，忍死須臾待杜根。我自横刀向天笑，去留肝膽兩崑崙。」壯烈獻身，慷慨激昂，對後代學子影響甚深。

發憤忘食，樂以忘憂，不知老之將至

名句的誕生

葉公[1]問孔子於子路，子路不對[2]。子曰：「女[3]奚不[4]曰：『其為人也，發憤[5]忘食，樂以忘憂，不知老之將至云爾[6]。』」

〈述而・十八〉

完全讀懂名句

1. 葉公：楚國大夫沈諸梁，字子高，擔任葉縣尹。楚君稱王，大夫跟著僭稱公。
2. 不對：沒有回答。
3. 女：即汝，你。
4. 奚不：何不。
5. 發憤：勤奮。
6. 云爾：語末助詞，如此而已的意思。

葉公問子路關於孔子的為人。子路一時不知該如何回答。孔子說：「你為何不這樣說：『他這個人，一發憤用功就忘記吃飯，內心一快樂就忘記所有憂愁，連自己快老了都不知道呢！』」

名句的故事

對於有人問起孔子，子路為何回答不出來，歷代有許多說法，而宋代的朱熹則認為，葉公提出這種問題，顯示他根本不瞭解孔子，因此子路才懶得回答。後世大多數學者將此章的重點，放在孔子治學態度的「憤」與「樂」上，而康有為的《論語注》則強調「忘」與「不知」，他說孔子因為忘食，所以不知貧賤；忘憂，所以不知苦戚；忘老，所以不知死生，可以「安貧樂道」地自在生活。

關於孔子好學的程度，《史記・孔子世家》記載孔子晚年讀《易經》時「韋編三絕」，指的就是孔子非常用功，把編聯竹簡的牛皮繩子磨斷了許多次。

孔子晚年喜歡讀《易經》，不管在家出外都要帶著，他曾經表示，如果上天能多給他幾年時間，人生修養就更圓滿了（把《易經》學得更好）。

此章的葉公便是「葉公好龍」故事中的主角，這句成語引申為「說一套，做一套，表裡不一」。根據漢朝劉向《新序・雜事》中的記載，葉公愛龍成癡，身上的佩劍、鑿刀飾有龍紋，家裡的梁柱、門窗上也都雕刻著龍。天上的龍知道葉公這項喜好後，便下凡來拜訪他，不僅盤據在他家上頭，還將頭探進窗戶內，尾巴伸入堂屋中。沒想到葉公一看到真正的龍，嚇得面如土色、失魂落魄，原來葉公並非真的喜歡龍，只是喜歡似龍的東西而已。

歷久彌新說名句

孔子這段自述成為後世讀書人的典範。晉代詩人陶淵明在〈五柳先生傳〉一文中道出了類似的心聲：「好讀書，不求甚解；每有會意，便欣然忘食。」一般人在這段話中往往只見到「不求甚解」，卻忽略了五柳先生「好讀書」與「會意忘食」的精神。

相傳，曾有一學子向陶淵明求教，希望能得知讀書的妙法，自認沒有什麼祕訣的陶淵明送給他一句話：「勤學如春起之苗，不見其增，日有所長；輟學如磨刀之石，不見其損，日有所虧。」即告訴年輕人，讀書必須默默耕耘，就像種稻子跟磨刀一樣，每天看似沒有任何長進，日積月累下來便相當可觀，但是如果不能持之以恆，那麼每天都會有虧欠。由此可見陶淵明的勤學態度。

清朝的康熙皇帝算得上是歷史上最愛讀書的皇帝了，他說過：「讀書一卷，即有一卷之益；讀書一日，即有一日之益。」他八歲當皇帝，儒家經典不但日日必讀、字字成誦，十

七、八歲時因讀書太過勞累而吐血，卻仍然堅持不肯休息。二十四歲時，在宮廷設南書房，請飽學之士與他每天一起討論學問，甚至在平定三藩之亂的戰事期間，也沒有間斷。到了晚年，康熙皇帝依舊手不釋卷，毫無倦容，便是希望從書中找尋經邦治國的真理。

近代學者蔡元培在書房中掛有一幅自己的畫像，上面的題字便是「其為人也，發憤忘食，樂以忘憂，亦不知老之將至」呢！而在西方，十七、十八世紀英國大科學家牛頓，一天二十四小時有十八到十九個小時都在做研究，經常是「發憤忘食」，他就曾因為太過專心投入，而把手錶當成雞蛋煮個熟透！當牛頓在天體物理學上的成就得到讚譽時，他只是謙虛地表示：「如果說我比別人看得遠，那是因為我站在巨人的肩膀上。」這句話成為傳頌不朽的名言。看來若沒那股勤奮不懈、天真執著的原動力，又怎能攀登上「巨人的肩膀」呢？

孔子的「發憤忘食，樂以忘憂，不知老之將至」，後來也可引申為「沒有時間老」的意思，從工作、嗜好中得到樂趣，連吃飯、睡覺全都可以擱在一邊了，哪裡有功夫去在意老不老呢？

敬鬼神而遠之

名句的誕生

樊遲問知[1]。子曰：「務民之義[2]，敬鬼神而遠之，可謂知矣。」問仁。曰：「仁者先難而後獲[3]，可謂仁矣。」

〈雍也．二十〉

完全讀懂名句

1. 知：同「智」。
2. 務民之義：專心致力於人應當從事的事情。民，指人。
3. 獲：得到。

樊遲請教怎樣才是明智。孔子說：「專心致力於應當從事的事情，敬奉鬼神但保持適當的距離，這樣便可以說是明智了。」他又請教怎樣才算有仁德。孔子說：「有仁德的人比別人先把難事做好，遇到可獲得私利的事情，便退居人後，這樣可以算是有仁德了。」

名句的故事

宋朝理學家程頤解釋此章時認為，因為多數人信奉鬼神，所以常陷於困惑中，但不信鬼神者便無法尊敬宗教，能夠尊敬宗教又與它保持距離，才算是明智。此外，遇到艱難的事情爭先去做，是克己的功夫，而比眾人晚獲得回報，是仁的表現。

樊遲提出這兩個關於智與仁的問題時，應正擔任魯國的官員。朱熹認為，很可能是樊遲施政有所缺失，也許是太過於迷信，以致耽誤了政務，所以孔子特別叮嚀他，要專心致力於管理眾人的事，不要被鬼神等不可預知的事所惑。

《論語》中樊遲三次問仁，其中兩次兼問知，然而孔子每次的回答都不同。在〈顏淵．二十二〉，樊遲問仁，孔子回答「愛人」，問知，孔子回答「知人」。在〈子路．十九〉，樊遲問仁，孔子答說：「居處恭，執事敬，與人忠。雖之夷狄，不可棄也。」就是日常生活態度要恭謹，行事要認真敬慎，與人相處要忠誠，即使到了蠻荒之地，也不放棄這些原則。

孔子三次回答樊遲同樣的問題，三次的答案都不一樣，孔子應是針對當時所看到的缺失，對症下藥，教誨弟子。

歷久彌新說名句

孔子將「人」看得比「神」還重要，不語怪力亂神、敬鬼神而遠之，就成為儒家的宗教觀。

「不問蒼生問鬼神」可說是與此相反的態度，這原是唐代詩人李商隱〈賈生〉中的詩句：「宣室求賢訪逐臣，賈生才調更無倫。可憐夜半虛前席，不問蒼生問鬼神。」賈生就是賈誼，這首詩是譏諷漢文帝求賢才，求到了卻不能讓他們好好發揮。在宣室（天子的正堂）召見賈誼時，問的都是些虛無縹緲的鬼神，不是現實的國計民生，因此賈誼就算有經天緯地的才能，也毫無用武之地。

歷史中，因為「不問蒼生問鬼神」而亡國的國君，最著名者有二，一是印度的阿育王，二是中國南北朝的梁武帝。兩個帝王早年雄才大略、殺人如麻，之後皈依佛門，實行素食、禁止殺生，之後因為建廟與供養僧侶過多，國勢由盛而衰。阿育王的晚年在子孫合謀下失去王權，孔雀王朝幾乎崩潰；梁武帝被部將圍攻而餓死宮中，梁朝也因此土崩瓦解。

只是，到了二十一世紀的科技時代，不少政治人物與大商賈，依然信風水信算命，不訪民之所欲，不察員工的心聲，一心在意的是自己的官位與利益，結果往往名利不保了。

子罕言利，與命，與仁

名句的誕生

子罕[1]言[2]利，與命[3]，與仁。

〈子罕・一〉

完全讀懂名句

1. 罕：很少。
2. 言：直言，直接談論。
3. 命：天命。

孔子平日甚少談論利這回事，只與天命、仁德為伍。

名句的故事

春秋戰國時期，封建解體，社會經濟發生大變動，一時間，君子言利，小人逐利，形成「天下熙熙，皆為利來；天下攘攘，皆為利往。」（《史記・貨殖列傳》）梁惠王見著孟子的第一句話，就是：「叟！不遠千里而來，亦將有以利吾國乎？」（《孟子・梁惠王上》）

孔子提出的思想，正意味著當時社會所欠缺的部分。他四處鼓吹「天命」、「仁義」，可以推測當時社會恐怕已經是仁稀、義微。反之，孔子很少談論「利」這件事，也就間接表示著當時社會可能到處都在言利、逐利了。

既然逐利、言利的人很多，自然也就不差孔子一人，何需他再費唇舌鼓吹，這就是孔子為什麼「罕言利」的原因。「罕言利」的原因未必表示孔子反對利，而是認為，相對而言，大家花太少的心思在天命與仁德上面。

關於本章，另一解為：「孔子很少談論利、命和仁這三件事。」對此說法，錢穆先生的解釋是：「《論語》言仁最多，言命亦不少，並皆鄭重言之。故本章之意，並非孔子甚少論及利、命、仁三者。」

歷久彌新說名句

春秋戰國時期，協助齊國富強的管仲就明白提出：「倉廩實而後知禮節，衣食足而後知榮辱。」（《史記‧管晏列傳》）然而，衣食足之後就一定知榮辱嗎?孔子似乎不這樣認為，關於榮辱、禮節、仁義，孔子認為是要用心學習，才能有所成就的，品格修為並不是財富的附贈品。

一味追求利益容易做出傷害正義的事情。春秋時期的楚莊王出兵討伐陳國的夏徵舒（因為他殺害自己的君主），並計畫占領陳國。楚莊王的舉動獲得諸侯的稱讚，認為他做了正義之事（討伐不義之人）。唯獨大夫申叔時不高興，他批評楚莊王說：「您怎麼可以只因為某人牽牛踩壞了別人田裡的莊稼，就沒收了他的牛。您討伐有罪的人，是正義，但現在您進一步併吞陳國，這是貪婪、不義了。」（成語「蹊田奪牛」的來源。）楚莊王聽了申叔時的話，覺得汗顏，自己差點就「以利害義」，於是立刻打消併吞的意圖。

「子罕言利」成為教條之後，儒者就認為逐利是不好的事情。事實上，能夠「逐利又逐義」的大有人在，孔子的學生子貢就是位大商人，而幫助越王句踐雪恥復國的范蠡，後來成為大商人陶朱公，他常常行善，救濟貧苦之人。因此，見利忘義、以利害義，是個人修為的問題，實非「利」之過。

《君王論》的作者、文藝復興時期的大思想家馬基維利便主張，我們和他人之間最牢固的關係就是利。共同的利益，如同磁鐵異性相吸一般團結；利害不同，恐怕就是互相排斥了。他甚至說過：「殺父之仇可以不報，奪財之恨銘記終身！」

譬如爲山，未成一簣

名句的誕生

子曰：「譬如為山，未成一簣[1]，止[2]，吾止也；譬如平地，雖覆一簣，進，吾往[3]也。」

〈子罕・十八〉

完全讀懂名句

1. 簣：用竹所製的籮筐，用來盛土。
2. 止：中止，停止。
3. 往：前進。

孔子說：「譬如用土去堆山，僅僅差一籮筐的土就可大功告成，卻停止不做了，這是我自己要停下來的。又譬如在平地上，雖然才剛剛倒了一籮筐的土，然而這樣往上堆，也是我自己決定要繼續的！」

名句的故事

「譬如為山，未成一簣」，根據朱熹的解釋，孔子此語源自《尚書》的「為山九仞，功虧一簣」。仞是古代的長度單位，相當於現在的六尺，也有人說是八尺，這句意思就是要用土造一座有九仞高的山，但因缺乏最後一籮筐的土，因此功敗垂成。

朱熹認為此章乃是孔子勸喻弟子應該自強不息，不能有任何一絲懈怠，否則很容易棋差一著，滿盤皆輸，前功盡棄。而不管是成功或失敗，關鍵不在他人，就在自己。

是否努力不懈怠，也是孔子臧否弟子的標準。在此章之後，孔子讚賞顏回努力精進的精神，說：「惜乎！吾見其進也，未見其止也。」孔子只見到顏回往前進，不見其往後退。孔子說這句話時，顏回已經過世，因此深感痛惜。

在〈雍也・十〉中，冉求曾對孔子說：「非不說子之道，力不足也。」冉求認為不是不喜歡老師的道理，實在是力有未逮，孔子回答他：「力不足者，中道而廢，今女畫。」批評冉求不知長進，畫地自限，半途而廢。

孟子也說過類似的話：「掘井九仞不及泉，猶為棄井。」即使挖井挖了九仞，如果沒挖到地下水，仍是一座廢井，孟子和孔子一樣，反對虎頭蛇尾，沒有恆心毅力。

歷久彌新說名句

棒球場上，最容易體會「功虧一簣」、「行百里半九十」的道理，唯有最後一個出局數出現，裁判舉手宣布球賽結束，勝負才分曉。

二十世紀五〇年代，紐約洋基隊的當家捕手約吉・貝拉（Yogi Berra）說過一句名言：「It ain't over 'til it's over.」即球賽只有在結束之後才算結束，在球賽結束前，過程中的領先或落後都不算數。

一九八六年的波士頓紅襪隊，便是勝利在望卻陰溝裡翻船有名的例子。當時，在美國職棒總冠軍賽第六戰，紅襪隊尚以三勝二負領先紐約大都會隊，延長賽十局下半以五比三領先，大都會隊甚至做好了恭賀對方封王的準備。沒想到紅襪隊卻因封王在望而過於鬆懈，接連被打出安打，分數立刻扳平，最後一壘手太過大意，讓大都會隊打者一個軟弱的滾地球穿過胯下，反倒輸了。

成敗並非決定於誰出發得早，而是誰的心理素質較強，可以堅持到最後。「Baseball is 90 percent mental; the other half is physical.」這是約吉・貝拉的另一句話，棒球有百分之九十是心理戰，體能僅占一小部分。

就像紅襪隊雖然在第六戰意外輸了，其實並非完全與冠軍絕緣，但士氣卻如洩了氣的皮球，最後的第七戰以五比八再度敗北，拱手將冠軍戒指讓給敵隊，並成為棒球史上講述「功虧一簣」的最佳教材。

未知生，焉知死

名句的誕生

季路問事[1]鬼神[2]。子曰：「未能事人，焉[3]能事鬼？」「敢[4]問死？」曰：「未知生，焉知死？」

〈先進・十一〉

完全讀懂名句

1.事：事奉、祭祀之意。
2.鬼神：指奉祀鬼神。
3.焉：怎麼，如何。
4.敢：大膽地。表示禮貌的用語。

子路問如何事奉鬼神。孔子說：「人都無法事奉好，哪能夠事奉鬼神呢？」子路又問：「請問死是怎麼一回事嗎？」孔子回答說：「生都還沒弄清楚，哪能知道什麼是死呢？」

名句的故事

對於孔子生死觀的瞭解，通常是從這句話開始的。子路請教孔子如何事奉鬼神，這令人頗感意外，因為我們知道孔子是不語「怪力亂神」的，也無怪乎孔子會表示，人世間的事情都不見得可以處理好，哪能夠去談伺候鬼神呢？對於子路不死心繼續提出的問題：「能問死到底是怎麼一回事嗎？」孔子的回答聽起來倒有幾分幽默：「活著是怎麼一回事都還沒搞清楚，哪能知道死是什麼呢？」

朱熹在《論語集注》中解釋：「問事鬼神，蓋求所以奉祭祀之意。」古人對於鬼神、祖先的祭祀是非常注重的，皇帝登基之後，也要擇時祭天、祭祖，以求庇佑。然而孔子的生死觀卻顯示了另一種立場，朱熹的解釋是：「蓋幽明始終，初無二理，但學之有序，不可躐等，故夫子告之如此。」這句話的意思是說，就像晝夜一般，分不出誰先誰後，但是學道修業有先後順序，不可以隨便超越，所以孔子才這樣告訴子路，要先事奉好人，才能去談如何事奉鬼神；要先瞭解生的道理，才有可能瞭解死為何物。或許正基於「學之有序」的理由，孔子認為活生生存在的事情，人都不見得可以瞭解，更何況是上天的鬼神、未來的死亡等這些生活經驗中無法捉摸的事情呢！

歷久彌新說名句

孔子重視人，所以會說「未能事人，焉能事鬼」，他也曾經強調「敬鬼神而遠之」（〈雍也・二十〉），無非是希望教育弟子重視「人」的問題。

從人類的文化史來看，人對於死亡的規畫十分慎重。歷史上「殷人尚鬼」，殷人的「亞字形墓」就是對死後世界的憧憬。近年來，因《西藏生死書》（索甲仁波切著，鄭振煌譯）的引薦，以及《死亡的尊嚴與生命的尊嚴：從臨終精神醫學到現代生死學》（傅偉勳著）等著作引起重視，生死學成為大眾關注的課題，「臨終關懷」受到重視，各大醫院也有「臨終病房」的設立。

生死學作為一門學問，是要透過「存在」去認識「死亡」，並藉由思考死亡的同時，重新界定存在的價值。西方哲學家海德格在《存在與時間》中說：「人是向著死亡的存在。」死亡是每個人必然的結果。莊子認為死就是生，「彼出於是，是亦因彼」，生是因為死而來，死也是因為生而有，所以說「方生方死」。當莊子的妻子過世時，他可是擊鼓狂歌呢！在暢銷著作《最後十四堂星期二的課》中有句話：「只要你學會死亡，你就學會了活著。」換言之，理解死亡的意義，方體會存在的價值，才能「安身立命」。

浴乎沂，風乎舞雩，詠而歸

名句的誕生

「點[1]，爾何如？」鼓瑟希[2]，鏗爾，舍瑟而作[3]。對曰：「異乎三子者之撰[4]。」子曰：「何傷乎？亦各言其志也。」曰：「莫[5]春者，春服[6]既成，冠者五六人，童子六七人，浴乎沂[7]，風乎舞雩[8]，詠而歸。」夫子喟然歎曰：「吾與點也。」

〈先進・二十五〉

完全讀懂名句

1. 點：即曾皙，其名點，是曾參的父親。
2. 希：同「稀」，指法稀疏，是預備停止鼓瑟的動作。
3. 作：起立。
4. 撰：意見。
5. 莫：同「暮」。
6. 春服：春天穿的衣服，袷衣。
7. 沂：水名，在魯國城南，地方志提到此地有溫泉。
8. 舞雩：古代祭天祈雨的地方。

「曾點，你怎麼樣？」曾點把鼓瑟的手指放慢，鏗然一聲停止，放下瑟，起立答道：「我和他們三人都不同。」孔子說：「那有什麼妨礙？就是談談個人的志向。」曾點說：「暮春三月時，早已換上春天簡單的短袷，我和五六個青年人、六七個孩子，一起到沂水邊戲水，洗手洗臉，在舞雩下乘涼吹吹風，然後唱著歌回家。」孔子嘆息而深許之：「我贊成曾點的看法。」

名句的故事

這段對話的始末詳細記載在〈先進篇〉。有一回子路、曾點、冉求、公西華四個人陪伴在孔子身旁，孔子要學生們談談志向。子路馬上就說，一個面臨饑荒的千乘大國，由他治理三年後，人民勇敢，講信義。孔子聽了笑笑。冉求表示，他可以治理一個六七十里見方的小國，讓人民生活滿足，至於禮樂文教，就得等待賢君了。公西華則謙虛地說，他並無才能，不過是想學習家國大事。之後，就輪到曾點了。於是他描繪出這樣一個相伴出遊的美好場景，說得連孔子都深表讚許。

曾點等同學都離去後，就問孔子為何沒有評論其他三位同學的看法。於是孔子說，子路要以禮治國，但說話沒有一點禮讓，太過魯莽，所以才笑。孔子與學生談志向，於是成就了這段韻味悠長的語錄。

歷久彌新說名句

中國文學中，山水文學占有一席之地，追溯其濫觴，或許就在曾點說出「莫春者，春服既成，冠者五六人，童子六七人，浴乎沂，風乎舞雩，詠而歸」這段眾人出遊意境幽遠的描寫。這是美學觀點下的和諧場景，人在天地中，與天地的氣象共存和鳴。

許多人認為，柳宗元《永州八記》一出，正式鞏固山水遊記的地位。例如，〈始得西山宴遊記〉一文，藉西山氣勢「縈青繚白，外與天際，四望如一，然後知是山之特出，不與培塿為類」，道出了政治失勢無從施展的悲情。最後，「心凝形釋，與萬化冥合」，只有在自然中釋放心神，與萬物合一才是真正的遊歷。

「蘇子與客泛舟遊於赤壁之下」，而成蘇軾〈赤壁賦〉，也是遊記中的經典，其中：「惟江上之清風，與山間之明月，耳得之而為聲，目遇之而成色，取之無盡，用之不竭，是造物者之無盡藏也。」跳脫傳統山水遊記中大篇幅山水佳景的描寫，把遊記推向宇宙中變與不變的辯證，人生的探索更深一層。

不患人之不己知

名句的誕生

子曰：「不患[1]人之不己知[2]，患其不能也。」

〈憲問．三十二〉

完全讀懂名句

1. 患：擔心。
2. 己知：知道自己。

孔子說：「不要擔心別人不知道自己，只要擔心自己沒有能力。」

名句的故事

「不己知」其實就是「不知己」，「不患人之不己知」就是不愁他人不知道自己。除了此處，孔子在《論語》許多篇章也講過類似的話，可見孔子常以此自我惕勵，並鼓勵弟子。

例如，他在〈學而〉篇中說：「人不知而不慍，不亦君子乎？」以及「不患人之不己知，患不知人也。」在〈里仁〉篇中提到：「不患無位，患所以立。不患莫己知，求為可知也。」〈衛靈公〉篇也有意義相似的句子：「君子病無能焉，不病人之不己知也。」

明末儒者王夫之注釋此章時說：「能奪我名而不能奪我志，能困我於境遇而不能困我於天人無愧之中。」對周遊列國、四處碰壁的孔子而言，「不患人之不己知」也是「夫子自道」，相信自己是匹「千里馬」，總有一天會碰到「伯樂」。

「不患……，患……」，是《論語》中常出現的句型，例如「不患寡而患不均，不患貧而患不安」、「不患無位，患所以立」。此種句法也常為後世襲用或改用，意思即「不怕……，只怕……」，例如「科技人才，不患寡患不精」、「為人父母者，不患不慈，患於知愛而不知教」、「財不患其不得，患財得而不能善用其財」，還有「人不患有癖，患無趣」等。

歷久彌新說名句

孔子此段話可用來說明讀書學習貴在自得，如果一心求名卻沒有實力，只是「半瓶醋響叮噹」；如果自己是「臥龍、鳳雛」，就算隱藏鋒芒，伯樂也會千里而來。

「臥龍、鳳雛」現指尚未成名的人才。相傳劉備曾經落難，水鏡先生司馬徽為他推薦了「臥龍」與「鳳雛」這兩位不出世的奇才，臥龍指的是諸葛亮，鳳雛是龐統，劉備得到兩人的佐助，從顛沛流離的流浪軍領袖，一躍成為與曹操、孫權鼎立而三的一方霸主。

當代知名作家劉墉接受訪問時，曾表示儒家思想並非禁止追求名利，但求名當求天下名，他便舉孔子的「不患人之不己知，患其不能也」，認為不怕名利不來，只怕來之不義或自己把握不住。其實劉墉本身就是這段話的最佳註腳，當初他寫的書詢遍出版社，無人願意出版，他相信並非自己文章不好，只不過遇不到伯樂而已，仍在寫作這條路上孜孜不倦。後來自創出版社發行，結果一躍成為暢銷書作家，可說是「人不己知」卻能自闖一片天的典範。

新新世代中，有不少人頗像錢鍾書《圍城》所刻畫的主角方鴻漸，「興趣頗廣但專長全無」。方鴻漸可說是每個世代好高騖遠年輕人的原型，靠著長輩的資助一路讀書到留學，可是沒有真才實料，屈從於潮流卻又感覺茫然，想要有成就但知道自己沒能耐，又常自嘆懷才不遇，因此覺得自己的人生、婚姻、事業都如「圍在城堡裡」動彈不得。

證嚴法師非常能體會孔子這段話的意境，她提及創慈濟之初的艱辛時曾說：「堅持理想往往必得獨自忍受許多辛酸；但人世的艱難是智慧的磨刀石，勇氣與毅力也因之而生。」

四體不勤，五穀不分

名句的誕生

子路從而後，遇丈人[1]，以杖荷蓧[2]。子路問曰：「子見夫子乎？」丈人曰：「四體不勤，五穀不分，孰為夫子？」植其杖而芸[3]。子路拱而立。止子路宿，殺雞為黍[4]而食之，見其二子焉。明日，子路行以告。子曰：「隱者也。」使子路反見之。至，則行矣。

〈微子・七〉

完全讀懂名句

1. 丈人：老人家。
2. 蓧：古代耕田除草所使用的竹製器具。
3. 芸：同「耘」，除草。
4. 黍：小米。

子路跟著孔子出行，因為落後而找不到孔子，在路邊遇到了一位老先生，正用拐杖挑著除草的工具。子路問道：「您有看到我的老師嗎？」老先生回答：「你說的那個人，四肢不運動、連五穀都分不清，怎麼有資格當老師？」說完，老先生便扶著拐杖去除草，子路拱著手恭敬地站在一旁。老先生留子路在他家住上一晚，殺了雞、做了小米飯給他吃，又叫兩個兒子與子路見面。第二天，子路趕上了孔子，把這件事說給老師聽，孔子說：「這是個隱士啊！」於是叫子路再回去看看。子路回到那裡，老先生已經走了。

名句的故事

《論語・微子》篇內容皆是孔子出外所遭遇的事，此章的丈人史稱「荷蓧丈人」，與長沮、桀溺、接輿都是隱士。根據《史記・孔子世家》的記載，子路遇見荷蓧丈人，是發生在孔子從楚國回蔡國的途中，是孔子周遊列國最困頓的時刻，各國國君都不願採納他的意見，而隱士們也都勸孔子歸隱。

不過，錢穆在《老子辯》一書中卻語出驚人，認為老子就是老萊子，而「萊」有除草的意思，所以老萊子也是荷蓧丈人，即老子、老萊子、荷蓧丈人都是同一個人。

在儒家看來，有才能的人都應該出仕當官，幫助國君治理國家、管理人民。孔子雖然有時會嚷著要歸隱，如在〈衛靈公・六〉中有：「邦有道，則仕；邦無道，則可卷而懷之。」即國家上軌道就當官，不上軌道就引退。孟子也說：「窮則獨善其身，達則兼善天下。」（《孟子・盡心上》）如能實現抱負就當匡濟天下，如果不能就管好自己。這兩句也都有人在野心在朝、隱而不逸的意涵。

歷久彌新說名句

「四體不勤，五穀不分」，再加上「六畜不辨」，都是用來批評讀書人只會讀書，對一般生活的基礎事項不瞭解，與社會脫節，用閩南語來說，就是「吃米不知道米價」。

元朝時，因為怕讀書人宣傳反蒙古思想，對讀書人極盡鄙夷，將人民分為十等，分別為一官、二吏、三僧、四道、五醫、六工、七獵、八娼、九儒、十丐。讀書人與乞丐並稱「九儒十丐」，從此「臭老九」便成為罵讀書人的名詞。

不只他人譏笑，連讀書人有時也難免自嘆「百無一用是書生」。這出自清詩人黃仲則〈雜感〉中的：「十有九人堪白眼，百無一用是書生。」讀書人十個中有九個遭人白眼，因為一點用處都沒有。此語可說是黃仲則的自我寫照，他十六歲中秀才第一名，但終生就只是秀才，雖然詩文為當世稱道，一生卻極度貧困，為了生計不得不四處奔波，因此有「百無一用是書生」之感，三十五歲便英年早逝。

鳥獸不可與同群

名句的誕生

子路行以告，夫子憮然[1]曰：「鳥獸不可與[2]同群[3]！吾非斯人之徒[4]與而誰與[5]？天下有道[6]，丘不與易[7]。」

〈微子・六〉

完全讀懂名句

1. 憮然：猶悵然。
2. 與：和，跟。
3. 同群：相親、在一起。
4. 斯人之徒：此處指世人。
5. 誰與：即與誰。
6. 天下有道：指天下平治。
7. 易：改變。

子路回來告訴孔子問路的情形，孔子難過嘆息地說：「人不可能跟鳥獸為伍，我若不跟世人在一起，那麼要跟誰在一起呢？如果天下太平，我也不用這麼辛苦地四處奔走，去改變局勢了。」

名句的故事

這一年，孔子五十五歲，年紀不輕，但仍然風塵僕僕、四處奔波於各國之間的道路上，一心追尋他仁愛治國的理想。但時局實在太亂，君不君、臣不臣，世道向下沉淪已經不是一天兩天的事了。眼看著理想一點一滴從人間蒸發，孔子已經受夠打擊，還不時遭受路人甲乙丙的嘲笑與冷言冷語。

故事是這樣的，在從楚國到蔡國的路上，孔子跟弟子們一時找不到渡口，看見長沮、桀溺兩個人在田裡耕地，便派子路過去打聽過河的渡口在哪裡。

子路先向長沮詢問，長沮卻反問子路：「那位在車上手拉韁繩的是誰？」子路回答：「是孔丘。」長沮又問：「是魯國的孔丘嗎？」子路回答：「是的。」長沮便說：「那他應該知道渡口在哪裡才對。」

子路感到莫名其妙，只好轉過身改問桀溺。桀溺也是問題多於答案：「你是誰？」子路說：「我是仲由。」桀溺又問：「是魯國孔丘的弟子嗎？」子路回答說：「是的。」桀溺就說：「現在全天下已經像淹大水一樣，到處亂哄哄的，誰能改變這種情形呢？我看你與其追隨那只是逃避作亂的人，還不如乾脆跟隨我們這些徹底遠離社會與亂世的人呢？」說完就繼續低頭犁土耕種，不理會子路了。

子路問了半天，問不出個所以然，只好回來向孔子報告長沮、桀溺二人所說的話。孔子聽完，一臉憂鬱地說了上面這一段話：「人類不能和鳥獸為伍，若不和世人在一起，那麼要和誰在一起呢？如果天下太平，我也不用這麼辛苦地四處奔走，去改變局勢了。」

孔子的憂鬱不是沒有道理的，因為除了長沮、桀溺之外，嘲笑過孔子的還有楚狂接輿（〈微子・五〉）、荷蓧丈人（〈微子・七〉）、微生畝（〈憲問・三十四〉）和晨門（〈憲問・四十一〉）等人。孔子立志救天下，旁人不幫忙也就算了，居然還跑來「潑冷水」，令誰能不氣悶呢！

歷久彌新說名句

究竟要選擇「與鳥獸同群」而獨善其身，還是「與人同群」而兼善天下，真讓歷來不少知識分子困擾不已。

後漢時，好朋友郅惲與鄭敬可說是這兩派的代表。郅惲是個聰明又勇敢的人，常做一些「逆上」的事情。他膽大到建議王莽自動退位，又曾當著河南太守歐陽歙的面，指責太守的好朋友是個地痞流氓，甚至還把東漢光武帝擋在城門外，不讓他進城。他的好朋友鄭敬生怕郅惲惹來殺身之禍，於是勸告郅惲何不一起隱居山林，別再當官了。於是兩人就跑到山裡過著砍柴、釣魚的日子，但郅惲畢竟耐不住這種寂寞，他對鄭敬說：「天生俊士，以為人也。鳥獸不可與同群，子從我為伊、呂乎？將為巢、許，而父老堯、舜乎？」（《後漢書．申屠鮑郅列傳》）郅惲的意思就是，不可與鳥獸同群，他打算要走了，不知鄭敬是否願意與他同行，一起成為幫助商湯與周武王建立大業的伊尹、呂向，還是要成為讓堯舜找不著的巢父、許由呢？結果，郅惲是一個人下山的。

追本溯源，孔子是選擇「與人同群」這一派的祖師爺，他就像是中國的唐吉訶德，永遠樂觀，「知其不可而為之」。周遊列國之後，孔子返回魯國，他沒閒著，馬上開始編寫書籍（作《春秋》），準備讓亂臣賊子睡不著！

無可無不可

名句的誕生

逸民[1]：伯夷、叔齊[2]、虞仲[3]、夷逸、朱張、柳下惠[4]、少連[5]。子曰：「不降其志，不辱其身，伯夷叔齊與？」謂柳下惠、少連：「降志辱身矣，言中倫[6]，行中慮[7]，其斯而已矣！」謂虞仲、夷逸：「隱居放言[8]，身中清[9]，廢中權[10]。」「我則異於是，無可無不可。」

〈微子・八〉

完全讀懂名句

1. 逸民：遺逸無位之人。
2. 伯夷、叔齊：兩人為殷商末年孤竹君之子，因不認同周武王伐紂的行為，而雙雙逃至首陽山，不食周粟而死。
3. 虞仲：相傳為仲雍，又名吳仲、孰哉。商末周族領袖古公亶父次子。古公有三子，長子泰伯、次子仲雍、三子季歷。他特別鍾愛孫子昌（季歷之子），想要先傳位給季歷，然後再傳給昌。仲雍與泰伯體恤父意，主動避位，後入荊蠻，斷髮文身，與民並耕。
4. 柳下惠：（亦稱柳下季），姓展，名獲，字子禽。為魯國司空，為官清廉正直，執法嚴謹，不合時宜，棄官歸隱，居於柳下（今濮陽縣柳屯）。死後被諡為「惠」，故稱柳下惠。
5. 少連：魯少連。
6. 言中倫：說話有分寸，合乎倫理。
7. 行中慮：行為審慎，合乎思慮。
8. 放言：放肆直言，說話毫無拘束。

9. 身中清：潔身自好，維持品格的清高。
10. 廢中權：廢，發也。發言合乎權宜。

志節清高的隱士有：伯夷、叔齊、虞仲、夷逸、朱張、柳下惠、少連。孔子說：「不降低自己的志節，不屈辱自己的尊嚴的，只有伯夷、叔齊吧！」對於柳下惠、少連的評語是：「降低志節，屈辱尊嚴，但說話有分寸，合乎倫理，行為審慎，合乎思慮，他們只做到了這些。」對於虞仲、夷逸則說：「辭官避世隱居，放肆直言，潔身自好，維持品格的清高，而發言也合乎權宜。」最後說：「我同這些人則不一樣，沒有什麼可以不可以的。」

名句的故事

春秋時代，社會混亂無序，君不像君、臣不像臣，知識分子究竟該何去何從，每個人都有不同的看法，這個問題也讓孔子頗傷腦筋。因此，孔子找了個機會拿自己和其他人比較了一番。在這裡他先分出三類特質的人：

第一類，他們看到社會向下沉淪，仍舊堅持維護自己的原則，選擇不同流合汙。因此，就會躲得遠遠的，像伯夷、叔齊一樣，跑到首陽山，靠著採野菜維生，慢慢餓死。

第二類，正好相反，他們目睹社會的墮落，仍然執意堅守在崗位上，認為自己可以「出汙泥而不染」。這類人就像柳下惠、魯少連一樣，不因替敗德的國君做事而感到羞恥，即使被國君炒了三次魷魚（這是指柳下惠，「直道而事人，焉往而不三黜」〈微子・二〉），還是依然選擇繼續留在原處。換言之，他們沒有躲到深山裡隱居，或去環遊世界。

而第三類，他們也看到世道汙濁，雖然選擇不出來做官，但依然用「嘴巴」去關心世局，選擇持續批評社會不仁不義之事。這類人有虞仲、夷逸等。

最後，孔子說他自己跟上面三種人都不一樣，屬於第四類。天下無道時，有機會可以做官他就做，沒有機會、沒法做官他就不做。口語一點的說法，就是「這樣也行，那樣也行」。「無可無不可」其實是孔子「環遊世界」

回魯國定居後的心境寫照，這時孔子已經七十一歲了，看盡人生百態的他，已不再執著於一隅，而「從心所欲不逾矩」。

歷久彌新說名句

孔夫子所創造的這一句名言「無可無不可」，乍看之下，彷彿有點隨便、沒原則，但是，換個角度，又給人一種莫測高深、捉摸不定的感覺，可以說是既「沒個性」又「很有個性」。簡簡單單的幾個字，居然可以展現出這麼豐富的表情，難怪不少歷史人物都喜歡引用呢！

在後漢末期，兩雄相爭（公孫述和劉秀），大家紛紛要押寶。名將馬援就分別去拜訪了這兩位候選人，好判斷誰才是真正的真命天子。結果，他對劉秀的印象特別好。回去之後，他向好友隗囂大肆稱讚了劉秀一番，隗囂聽完了就問他：「那麼你覺得劉秀比起漢高祖劉邦哪一個好呢？」馬援想了一下，就引用了孔子的這一句話來形容高祖：「高祖不如劉秀，高祖為人無可無不可，但是劉秀就不一樣了，他行事有規有矩、律已甚嚴，連喝酒都很節制謹慎。」這裡的「無可無不可」，似乎就是用來形容一個人隨性、沒原則。

但是換到另外一個場景，又有完全不同的意涵。東晉時，王中郎命令伏玄度和習鑿齒兩人寫文章評論青州、楚地一帶的人物，快完稿時，王中郎把文章拿給另外一個人韓康伯，看看內容寫得好不好。韓康伯看完，保持沉默，王中郎感到奇怪：「你怎麼不說話呢？」韓康伯就勉強吐了幾個字，那就是：「無可無不可！」（沒什麼好，也沒什麼不好的！）

再回到孔子身上，我們要怎樣去詮釋發生在他當時的那一個場景呢？或許，智者的「無可無不可」，是一種「中庸之道」；而愚夫愚婦的「無可無不可」，往往就流於「沒有原則」、「隨波逐流」了。

食不厭精，膾不厭細

名句的誕生

食不厭[1]精[2]，膾[3]不厭細[4]。食饐[5]而餲[6]，魚餒[7]而肉敗[8]，不食。色惡不食，臭惡不食。失飪[9]不食，不時[10]不食。割不正[11]不食，不得其醬[12]不食。肉雖多，不使勝食氣[13]。唯酒無量，不及亂。沽酒市脯[14]不食。不撤[15]薑食，不多食。祭於公，不宿肉[16]。祭肉不出三日，出三日，不食之矣。食不語，寢不言。雖疏食[17]菜羹瓜祭，必齊[18]如也。

〈鄉黨・八〉

完全讀懂名句

1. 厭：饜也（飽也，足也）。
2. 精：精細。
3. 膾：讀作ㄎㄨㄞˋ，kuài，切得很細的肉。
4. 細：細緻。
5. 饐：讀作ㄧˋ，yì，食物存放時間過長。
6. 餲：讀作ㄞˋ，ài，食物變質、變味。
7. 餒：讀作ㄋㄟˇ，něi，魚肉從內向外開始腐爛，不新鮮。
8. 敗：肉從外向內開始變質、腐爛。
9. 失飪：飪，讀作ㄖㄣˋ，rèn，烹調製作飯菜。失飪，指火候不足或太過，導致不熟或燒焦。
10. 不時：不到進餐的時候。
11. 割不正：豬牛羊宰殺處理的方式不當，切肉的刀法不對。
12. 醬：醋、芥、鹽、梅等佐料的總稱。
13. 食氣：指五穀之氣。
14. 沽酒市脯：沽和市均指從市場商販購買之

意；脯為熟肉乾。

15. 不撤：不除去。

16. 不宿肉：不使肉過夜。古代大夫參加國君祭祀以後，可以得到國君賜的祭肉。但祭祀活動一般要持續二三天，所以為能盡量保鮮，不能再過夜了。

17. 疏食：粗茶淡飯。

18. 齊：同齋，齋戒。

食物原料要選擇精緻質優的，肉類要切得細細的。食物陳舊變質餿臭、魚肉變質腐爛，不吃。顏色不對，不吃；氣味難聞，不吃。烹調火候不當，不吃；不到進餐的時候，不吃。宰殺方式不當、切的不合刀法，不吃；沒有合適的調味佐料，不吃。吃肉的量，盡量不超過主食。飲酒不超過量，不要喝醉。市場上買來的酒和肉乾，不乾淨的不吃。不撤走桌上的生薑，也不吃過量。參與國君的祭祀典禮，分得的祭肉不留過夜，當天便分送人。家中的祭肉，也不留過三日；過了三日，就不吃了。吃飯的時候不說話，睡覺的時候也不說話。即使是粗米飯、蔬菜湯、瓜類，飯前也要祭拜一下，並要像齋戒時期一樣的嚴肅恭敬。

名句的故事

遠在春秋戰國時期，飲食文化就已經發展到相當高的水準，宮廷裡能烹製「八珍」美食，飲食禮儀也制度化了。《禮記》記載關於「進食之禮」，連座位怎麼排、盤碗怎麼放、吃飯時不許「反魚肉」（把咬嚼過的魚肉放回到共食的食器中）、不許「揚飯」（用手散其熱氣）、不許大口喝湯、不許剔牙齒等，這些細微末節都視為禮儀加以規定。

聖者孔子並不是一個不識柴米油鹽的人，他對於飲食相當有自己的一套看法，有所「吃」，有所「不吃」。首先他認為「吃」的食物應該選擇食材優質、切工精細的，還要講究烹調方法，不會嫌太精緻。

而「不應該吃」的情況則有：食物變質、變色、變味等，也就是不新鮮、腐敗的食物，不該食用。還有火候不當、食物半生不熟、不是吃飯的時間、肉的處理方式不當、沒有適合的調味醬料、從外面買來且不衛生的肉乾和酒等等，都不應該食用。

另外，喝酒有節制、少吃肉、多吃菜、飲食不過量等，均符合現代養生概念。

歷久彌新說名句

南懷瑾曾在《禪說》裡講過這樣一則笑話：有一位酸氣十足的老夫子，開口閉口都是子曰。他經常對別人說，《論語》是聖人的言論，如果能夠做到其中的一句，就可以變成聖人。隔壁一位遊手好閒的富家子弟就說：「先生說得極是，我已經達成了《論語》中的某項目標，我是否是大聖人了？」老夫子一聽，急忙問是哪一項。年輕人不急不忙地回答說：「食不厭精，膾不厭細。」老夫子一聽便知道被捉弄。

對於吃這項目標，應該不難達到吧！連主張清心寡欲的老子都曾說：「聖人為腹不為目。」（《道德經》第十二章）不過，「食」可以載人，亦可覆人。《左傳》記載，公子宋對「食」情有獨鍾，有一次他去拜訪鄭靈公，突然食指大動，於是他笑著對旁邊的人說，有美味等著他了。這正是成語「食指大動」的由來。

公子宋入殿後就看到廚師正在解割鱉，於是他更得意地笑著。後來鄭靈公知道這件事，反而不悅，心想：「我不賜予你，任你食指再怎麼動，也是沒轍。」

鱉羹煮好後，鄭靈公將它分賜給眾大臣，唯獨沒有分給公子宋，並且還說：「這次食指不動了吧。」公子宋勃然大怒：「我就吃給你看。」憤而將食指伸入鼎中蘸食鱉羹後拂袖而去（「染指」的由來）。鄭靈公看到這番景象暴跳如雷，聲稱非殺掉公子宋不可。

公子宋回家後怒氣難消，又聽說靈公要殺他，便先下手為強，殺害了靈公。鄭國也因而陷入一場混亂，一切只因「食」而起。

論語100

吾日三省吾身

——品德修養

君子務本，本立而道生

名句的誕生

有子[1]曰：「其為人也孝弟[2]，而好[3]犯上[4]者鮮[5]矣。不好犯上，而好作亂[6]者，未之有也。君子務本[7]，本立而道[8]生。孝弟也者，其為仁之本與！」

〈學而・二〉

完全讀懂名句

1. 有子：孔子弟子，名若。
2. 孝弟：孝順父母，友愛兄弟。
3. 好：喜好。
4. 犯上：冒犯長上。
5. 鮮：很少，稀少。
6. 作亂：興風作浪、破壞秩序。
7. 務本：務，專心致力；本，根本。
8. 道：天理，日常事物的道理。

有子說：「如果一個人孝順父母、友愛兄弟，那麼會存心喜好冒犯長上的，必定很少。這個人不好犯上，而好興風作浪的，那更是不會有的。君子專心致力在事情的根本，根本建立起來了，仁道也就產生。於是可以說，孝順父母、友愛兄弟，就是仁道的根本。」

名句的故事

孔子的弟子中僅四人有「子」的稱號，包括有子、曾子、閔子、冉子，但在《論語》中，後兩者僅見一次。漢朝的劉向認為《論語》乃是孔子的弟子們共同記錄編纂，但宋朝的程頤認為應該是有子、曾子的學生所記，因為孔子其他弟子在《論語》之中，皆稱為子某，只有有子、曾子例外，如此推論，也可見兩人是孔子弟子中的領袖人物。

有子是孔子晚年的得意門生，喜歡鑽研上古的制度禮儀，據說是上古帝王有巢氏的後裔。孟子曾說，在孔子諸多弟子之中，有子長得最像孔子，因此在孔子死後，其他弟子請有子代為講課，後來因為曾子不贊成而中止。

有子這番話被延伸為「百善孝為先」、「忠臣出自孝子之門」，古代帝王在擇人選才時，常看其是否孝順父母。因為一個人連自己的親人都不愛，又怎麼會去愛路人？一個不愛人民的官員，又怎麼會愛國呢？

歷久彌新說名句

「君子務本，本立而道生」，這句話也可解釋為，一切都要「回歸基本面」，而最適合詮釋這段話的歷史故事，當屬魏徵寫給唐太宗的〈諫太宗十思疏〉。

魏徵的奏疏寫於貞觀十一年，當時，戰爭已經結束十幾年，人民得到休養生息，經濟慢慢復甦，加上對外討伐屢獲勝利，唐太宗開始驕奢揮霍，四處巡遊，勞民傷財，於是怨聲四起。魏徵在這一年頻頻上疏，以「固本思源」來勸諫唐太宗，勸他回到根本，「居安思危，戒貪以儉」。

魏徵在疏中寫道，「臣聞求木之長者，必固其根本；欲流之遠者，必浚其泉源，思國之安者，必積其德義。源不深而豈望流之遠，根不固而何求木之長，德不厚而思國之治，雖在下愚，知其不可，而況於明哲乎！」意思是，如果要樹木活得長久，必定要固其根本；如果要河流不堵塞，那麼就要常常疏浚其源頭；如果要國家長治久安，那麼就要累積德義。其實就是要唐太宗好好修德，戒掉驕奢淫逸、好大喜功等毛病，一切回到治國的最根本。

魏徵的〈諫太宗十思疏〉，希望唐太宗從根本面來改善自己，唐太宗也從善如流，讓剛上軌道的朝政，不因一時的放縱而中斷。

吾日三省吾身

名句的誕生

曾子曰：「吾日三[1]省吾身，為人謀[2]而不忠[3]乎？與朋友交而不信[4]乎？傳[5]不習[6]乎？」

～〈學而．四〉

完全讀懂名句

1. 三：古人常以「三」代表「多數」。
2. 謀：謀畫，出謀畫策。
3. 忠：竭盡所能稱為忠。
4. 信：誠實信用。
5. 傳：指從老師那邊學習。
6. 習：複習，溫習。

曾子說：「我每天都會好幾次這樣反省自己，我替人謀事，沒有盡心盡力嗎？與朋友來往，沒有信守承諾嗎？從老師那邊學到的道理，沒有印證練習嗎？」

名句的故事

在孔子與有子之後，曾子是《論語》的第三位發言者，由此可見他在孔門的地位。曾子這段針對自身加以反省的話，影響了中國兩千多年哲學與文化發展的方向，之後宋朝的理學與明朝的心學，都針對「省」字進行深入的闡述發揚。

南宋儒學大家謝顯道便以此認為，曾子是孔學正宗的傳人，因為諸子之學都是傳自孔子，然而愈傳卻愈失真，其中唯獨曾子之學，專門修養內心，傳達了孔學的真諦，而曾子之後便是子思、孟子，屬於儒家思想的一脈相傳。

曾子在孔門弟子之中，資質並不算聰明，透

過「每日三省吾身」成為後世尊崇的大學者。

宋、元之間著名的歷史學家胡三省，本名胡滿孫，入學啟蒙後受《論語》感悟，於是擇取「吾日三省吾身」句義，改名胡三省。宋朝亡後，胡三省隱居而注釋《資治通鑑》，他治學嚴謹的態度為世人讚嘆，且充分展露出讀書人的氣節，後人皆認為他名副其實地實踐了曾子「吾日三省吾身」的真諦。

歷久彌新說名句

一日之計可能不在於晨，而在於昨天晚上，昨天晚上不檢討改進當日的過失，再怎麼早起的鳥兒，也不會有蟲吃。

曾子的這段話，不只適用於個人修養或求學，也可作為組織、團體、企業管理的方法學。日本就常將《論語》視為企業管理的寶典，他們認為曾子的「吾日三省吾身」，與老子的「知人者智，自知者明」、孫子的「知已知彼，百戰不殆」，是培養企業人的法則。明治維新時期的澀澤榮一被譽為日本的企業之父，生平待人處事以《論語》為指南，並提倡「《論語》和算盤合一」的「義利合一論」，推廣「《論語》中有算盤，算盤中有《論語》」，成為當時首屈一指的大企業家，他的見解被日本社會各界接受並流傳後世。

以曾子這句名言所命名的「三省堂」，成了世界曾姓華人的標誌，以及曾姓宗親的聚集地。據說身為曾子後代的曾國藩，更是奉行曾子自我反省的教諭不敢違背，他有治心三要訣，「靜坐養心，平淡自守，改過遷善」。他認為程頤、王陽明的學問竅門就在於靜；而平淡自守，就是胸襟廣大，功名看得淡；改過遷善，是把每天的事情記下來，改正錯誤，見賢思齊。

其實不只東方重視「吾日三省吾身」，在西方，年少失學的美國開國先賢富蘭克林也曾說過：「犯過的是人，悔過的是神，過而不改的是魔！」

見賢思齊焉，見不賢而內自省也

名句的誕生

子曰：「見賢思齊[1]焉，見不賢而內自省[2]也。」

〈里仁・十七〉

完全讀懂名句

1. 思齊：希望自己也一樣。
2. 內自省：內心自反省。

孔子說：「看見德性卓越的人，就想要怎麼努力才能跟他一樣；看見德性有虧的人，就反省自己是否有一樣的毛病。」

名句的故事

此章可與〈述而・二十一〉中「三人行，必有我師焉。擇其善者而從之，其不善者而改之」，彼此相互對照觀看。也就是說，學習別人的優點，看到別人的短處，就要警惕自己改正，如此可以與賢人並駕齊驅。

《孟子》中提到顏淵曾經說：「舜何人也，予何人也，有為者亦若是！」只要努力，凡夫俗子都可以成為聖賢，不但「人皆可為堯舜」，且「有為者亦若是」。宋人楊萬里在《庸言》一書中也認為：「己有過焉，何必人告也？見人之過，得己之過；聞人之過，得己之過。」其實，不用等到他人告知才去改正自己的過錯，時時就要反躬自省，並以他人的過錯為借鏡。

「見賢思齊」常是科學家成功的原動力。諾貝爾化學獎得主李遠哲，年輕時便以居禮夫人為榜樣，發願以科學為終身志業。居禮夫人身體孱弱，再加上身為外國移民研究工作受盡阻撓，但她卻未曾放棄，完成近世科學上的重大發現。李遠哲曾回憶說：「影響我一生最深遠的首推《居禮夫人傳》，從這本傳記中我真正瞭解到一個科學家的生活也可以是美麗而充滿理想的。」

歷久彌新說名句

此章可作為交朋友的圭臬，朋友中有賢與不賢，都為我們朝向世界的不同方向打開了一扇窗，而「思齊」與「內自省」，就是自我不斷進步的動力。

一代明君唐太宗李世民便有「三鏡說」：「以銅為鏡，可以正衣冠；以古為鏡，可以知興替；以人為鏡，可以明得失。」也就是說，如果以銅做的鏡子自照，可以整理好衣服、帽子；如果以古人為鏡子，可以看清楚歷史興衰的緣由，如果把朋友當成自己的鏡子，從朋友身上可以看到自己的優劣得失。

看來唐太宗深知「見賢思齊焉，見不賢而內自省也」的道理。在「見賢思齊」方面，他知人善用、舉用賢良，除了魏徵之外，還有王珪、房玄齡、杜如晦、虞世南、褚遂良、文彥博等名臣，其中有人當年反對過他當皇帝，儘管如此唐太宗能從這些賢者身上汲取優點，成就「貞觀盛世」。

在「見不賢而內自省也」方面，他目睹隋朝的敗亡，因此常以殘暴荒唐的隋煬帝，來警惕自己與臣下，他曾說過，「亡隋之轍，殷鑒不遠」、「刻民以奉君，猶割肉以充腹，腹飽而身斃，君富而國亡」。意思是指君主對人民苛刻，就好像一個人割自己的肉來充飢，肚子飽了，人也死了，而君主富有了，國家也滅亡。

唐太宗在世時，曾將對唐有功二十四位大臣的肖像畫於凌煙閣，以為後世的榜樣，便是希望後世臣子能見賢思齊，名留青史。

不遷怒，不貳過

名句的誕生

哀公問：「弟子孰為好學？」孔子對曰：「有顏回者好學，不遷怒，不貳[1]過。不幸短命[2]死矣，今也則亡[3]，未聞好學者也。」

〈雍也．二〉

完全讀懂名句

1. 貳：重複之意。
2. 短命：壽命短。
3. 亡：讀作ㄨˊ，wu，通「無」。

魯哀公問：「你的學生中哪個最好學？」孔子回答說：「有個叫顏回的好學，他從不把怒氣發洩到無關的人身上，不會重複犯同樣的過錯。可惜短命死了！現在再也沒這樣的人了，沒有聽說過有好學的人了。」

名句的故事

從《論語》一書來看，顏回穩坐孔門的第一把交椅，也是受孔子稱讚最多次的學生，遺憾的是，顏回年紀輕輕三十二歲就過世了。其實不僅在魯哀公面前，魯國大夫季康子也問過孔子同樣的問題，孔子還是說：「有顏回者好學，不幸命死矣！今也則亡。」（〈先進．六〉）究竟顏回好學到什麼程度呢？孔子說：「吾見其進也，未見其止也。」（〈子罕．二十〉）像孔子這樣高標準的老師，居然會說出，只看過顏回努力用功向上，從沒看見他停下來。顏回的好學可見一斑！

不過，為何孔子認為「不遷怒，不貳過」是好學的表現呢？因為能夠做到這點就是所謂的「克己復禮為仁」，時時刻刻達到禮的標準，邁上行仁的途徑。孔子曾經特別提到四件事情：「德之不修，學之不講，聞義不能徙，不善不圖能改，是吾憂也。」（〈述而・三〉）不修養德行，不追求學問，聽到義理不順從，有了過失不悔改，這四點讓孔子引以為憂。而顏回不貳過、努力不懈，便符合孔子對學生的期望。

其實從一些蛛絲馬跡中，不難發現孔子把顏回當作是另一個自己。孔子曾對顏回說：「用之則行，舍之則藏，唯我與爾有是夫。」（〈述而・十〉）孔子的意思是，能受君主任用就施展抱負，不受任用就隱退自修，能夠做到這樣的只有他和顏回吧！

歷久彌新說名句

顏回能夠成為最好學並實踐孔子教誨的學生，其聰明才智自不在話下。有一次孔子問子貢：「你與顏淵哪一個比較優秀？」子貢很誠懇地回答說：「我怎麼敢和顏回相比！顏回可以懂一件道理後，推論出另外十件類似的道理，而我最多只能推論出兩件道理。」（「回也聞一以知十，賜也聞一以知二。」〈公冶長・五〉）可見顏回理解與歸納演繹的能力高人一等。

明朝張岱寫過一本書《史闕》，這本書裡面有一個很有意思的故事。唐朝韓愈前去京城參加科舉考試時，當時的主考官是陸贄，題目是〈不遷怒不貳過論〉，陸贄看完韓愈的文章之後，並沒有錄取他。過了二年韓愈再次赴考，陸贄仍然是主考官，而且還出了相同的考題。這次韓愈照樣把之前的文章一字不改地寫了一遍，然後就交了出去。不過這次陸贄卻改變之前的看法，看出文章的高妙處，對韓愈大加讚賞，並將他錄取為第一名。由此看來，陸贄真可謂是「不貳過」啊！

君子坦蕩蕩，小人長戚戚

名句的誕生

子曰：「君子坦[1]蕩蕩[2]，小人長[3]戚戚[4]。」

〈述而・七〉

完全讀懂名句

1. 坦：平坦。
2. 蕩蕩：寬廣的樣子。
3. 長：經常。
4. 戚戚：憂愁的樣子。

君子循理而行，所以心地平坦寬廣；小人患得患失，所以心裡經常憂愁侷促。

名句的故事

在周代的封建制度下，君子與小人原本是指一種身分階級，君子是政治上在位的貴族，小人則是被統治的平民，這是世襲、天生決定、且無法改變的。但是孔子把知識帶到平民階層，打破了只有貴族才能受教育的狀況，貴族與平民的界線逐漸模糊，於是君子與小人便從身分階級轉化成德行修養的境界。在人人皆可受教育的基礎上，要當君子或小人，完全取決於自己。孔子在整部論語中多次討論到君子與小人的不同。「君子坦蕩蕩，小人長戚戚」與「君子泰而不驕，小人驕而不泰」大旨相同，都說明了二者在心境與所散發氣質上的差異。君子的重心在公不在私，能超越一己之私，循正理而行，氣質是安詳舒泰的；反觀小人，凡事計較一身之所欲，而外在事物有太多不能順心，所以常陷於憂慮狹隘的心境。

歷久彌新說名句

外在的名利地位再怎麼顯赫，往往比不上內心世界的平靜充實，造成「長戚戚」與「坦蕩蕩」的區隔就在於人的修為。心胸開闊的人，不會把自己當成地球的中心，而能與人為善，《韓非子．內儲說上》中有：「君子不蔽人之美，不言人之惡。」《荀子．不苟》也說：「君子崇人之德，揚人之美，非諂諛也。」不把自己放在最重要的位置，所以無需打壓異己，也不必諂媚逢迎，而能發自內心欣賞他人。

「坦蕩蕩」的君子不但懂得欣賞別人，而且向善學習，不起嫉妒之心，宋朝的歐陽修曾說：「君子之於人也，苟有善焉，無所不取。」（〈宦者傳論〉）王安石也提到，君子希望天下人皆入善，所以不會「以不善而廢其善」（〈中述〉）。而小人則反是，蘇洵說：「君子有機以成其善，小人有機以成其惡。」（《衡論．遠慮》）君子心裡想的都是如何成人之美，而小人所想的卻是如何幹壞事。不管是「外君子而內小人」還是「口有蜜而腹有劍」，他們並不快樂，因為心口不一，而且老是想著如何維護自己的利益，無怪乎只能「長戚戚」。

若從現代心理衛生的觀點來看，「君子坦蕩蕩」就是君子能自我悅納、心情開朗，而「小人長戚戚」則是因為小人不能接納自己，所以常常自苦、自危、自慚、自卑、自惑，以致於自毀。悅納自己是一種心理狀態，與客觀環境、外在條件並不完全相關。有些人生理上有缺陷，但很樂觀，有些人五官端正、四肢健全，卻不歡喜自己；有些人物質生活匱乏，但知足常樂，而有些人有錢有勢，卻不覺得快意。因此，要當小人或君子，完全繫於一念之間，如同陶淵明體悟到，「既自以心為形役，奚惆悵而獨悲？悟已往之不諫，知來者之可追；實迷途其未遠，覺今是而昨非」（〈歸去來辭〉），因此決定傾聽內心的聲音，做了罷官的決定，就算是「草盛豆苗稀」，只要「但使願無違」（〈歸園田居．三〉），便心滿意足了。

毋意，毋必，毋固，毋我

名句的誕生

子絕四：毋意[1]，毋必[2]，毋固[3]，毋我[4]。

〈子罕・四〉

完全讀懂名句

1. 意：猜測。
2. 必：絕對化。
3. 固：固執。
4. 我：由第一人稱代詞引申為自以為是、私心利己的意思。

孔子平日為學治事，戒除四種私見：不憑自己的想像而妄加臆測事情；對人對事不絕對肯定或絕對否定；不固執己見；不自以為是、自私自利。

名句的故事

「毋意，毋必，毋固，毋我」這八個字充分表現了中國文字的精要之美，它可說是是孔子安身立命、自我期許的座右銘。

孔子在教導弟子時最反對主觀及自以為是。一個當慣了教師的人，往往容易擺出一副無所不知的架子，有時甚至不知道的也假裝知道，但是孔子卻很努力地讓自己不陷入這種窠臼，他曾對子路說：「知之為知之，不知為不知，是知也。」（〈為政・十七〉）這是孔子虛心追求知識的態度。一個人若經常只憑自己的想像去臆測事情，就會陷入過於主觀、固執及自我的偏執。

歷久彌新說名句

「毋意，毋必，毋固，毋我」是一種科學、客觀的精神。

「毋意」並不是要人摒棄想像或假設，有想像力是很好的，但是若沒有根據的空想，就會流於「做白日夢」，胡適有一句名言：「大膽假設，小心求證。」沒有「小心求證」的「大膽假設」就是臆想、空想。

「毋必」是一種有彈性、柔軟的態度，世界上的事情瞬息萬變，過去曾被認為是真理的，後來被推翻了，焉知現在認為不可能的事，將來不會發生？因此對人、對事都不能太僵化，尤其在資訊氾濫的今日，對任何接收的訊息都不能道聽塗說，而必須保持懷疑，當然也不能抱殘守缺，才可與時俱進。所謂「君子不器」(〈為政．十二〉)，就是說君子要像流動的水一樣柔軟，不要像容器被限制住了。

「毋固」是不要固執己見，所謂「智者千慮，必有一失；愚者千慮，必有一得」(《史記．淮陰侯列傳》)。多聽他人意見總是好的，朱熹〈觀書有感〉詩云：「半畝方塘一鑒開，天光雲影共徘徊。問渠哪得清如許？為有源頭活水來。」唯有不固執，思緒才能如活水般常保新鮮清澈。

「毋我」是四者中最重要的，事實上它可以統合前面所說的毋意、毋必以及毋固。當我們在說話或寫文章時，最容易以「我」作為開頭。王國維在《人間詞話》裡說：「以我觀物，物皆著我之色彩。」「以我觀物」就像戴上有色眼鏡看世界，事物都不免染上主觀的色彩。唯有以「無我之境」去「以物觀物」，不預設立場，才能用客觀的同理心接納萬物，就如莊子的境界：「天地與我並生，萬物與我合一。」唯有放下我執，才能與萬物和平共處，與天地萬物成為「生命共同體」，這才是人之所以為人的可貴之處。

吾未見好德如好色者也

名句的誕生

子曰：「吾未見[1]好德[2]如好色者也。」

〈子罕・十七〉

完全讀懂名句

1. 未見：未曾見過。
2. 好德：喜好德性。

孔子說：「我未曾見過愛好德性如同愛好美色的人。」

名句的故事

南宋儒者謝顯道解釋此章時，說喜歡美麗和討厭惡臭都是人的天性，如果有人好德如好色，那麼就是真正非常好德了，可是很少有人能夠做到。

《論語》幾乎完全沒有提及任何女性，包括孔子的母親、妻子、女兒，都未曾記錄，唯一例外是衛靈公的夫人南子。而在〈子罕〉與〈衛靈公〉，出現兩次「吾未見好德如好色者也」，是《論語》中少見重複的話之一。

根據《史記・孔子世家》，衛靈公的寵妾南子美麗但聲名狼藉，她得知孔子來到衛國，因此想借重孔子的聲望拉抬自己，便派人告訴孔子想見見他。孔子知道南子名聲不佳，但因為她深得衛靈公寵信，自己與弟子若想在衛國留下來，實在無法拒絕她的邀約。

然而，南子不僅以見到孔子為滿足，還要孔子的車跟在她的車後，「招搖過市」、公開炫耀。當孔子回到住所，還得跟子路等不高興的弟子解釋，甚至必須「指天畫地」發誓，他此行乃是迫不得已的。

有學者推測，「唯女子與小人為難養也」這句帶有大男人主義色彩的話，便是在這件事之後所說，「女子」指的是南子，「小人」指好色的衛靈公，「難養」指他們難相處和沒德行。

歷久彌新說名句

兩千多年來，各種揣測議論不斷，有人說連孔子也差點被南子所誘惑，有人甚至說這是孔子的「婚外情」，林語堂以此撰寫了獨幕悲喜劇《子見南子》。此劇在孔子故鄉曲阜演出後，孔子後人憤而告官，當時掌握大權的孔祥熙為維護孔氏的尊嚴，下令調查。

魯迅為了孔家後人告官的事，寫了一篇〈關於子見南子〉，批評孔家對此大作文章，實在不必要，更對演出學校的校長因此被調職大表不平，認為這是「強宗大姓」的勝利。而在七〇年代的「批林批孔」中，「子見南子」這件事又成為孔子被攻擊的事由之一。

此章希望人們可以好德如好色般的積極，然而「食色，性也」（《孟子・告子上》），常被許多人當成「重色輕德」的藉口，認為既然孟子都如此說，便可以大大方方地好色而不好德，沒人肯作「坐懷不亂」的柳下惠。

「柳下惠」是好色之徒「登徒子」的反例，指的是不會「因色亂性」的正人君子。相傳春秋魯國的貴族柳下惠在一個寒冷的夜晚返城，而城門已關，只好在附近將就睡一晚。另有一個婦女也被關在城外，沒有住處。半夜柳下惠怕她受凍，叫她坐在自己懷裏，並解開外衣包裹她，同坐一夜並沒有對女子「毛手毛腳」，被稱為「坐懷不亂」的君子。

不過有人認為應是「坐槐不亂」，故事是另一個版本。柳下惠出外訪友遇到大雨，便跑到郊外的古廟躲避，但一踏進門檻便看見一個裸體女子在裡頭擰衣，於是他急忙退出古廟，在槐樹底下任暴雨澆注……。

知者不惑，仁者不憂，勇者不懼

名句的誕生

子曰：「知者[1]不惑，仁者[2]不憂，勇者[3]不懼。」

〈子罕．二十八〉

完全讀懂名句

1. 知者：有智慧的人。
2. 仁者：有仁德的人。
3. 勇者：勇敢的人

孔子說：「明智的人沒有困惑，行仁的人沒有憂慮，勇敢的人沒有畏懼。」

名句的故事

孔子除了在此章提過「智仁勇」三種美德，在〈憲問．三十〉裡也有相同的說法，不過三者順序不同，而是「仁者不憂，知者不惑，勇者不懼」。孔子自謙不具備此三種美德，但子貢認為孔子三德皆備，此段話乃是「夫子自道」。

孔子在〈為政．四〉中說：「吾十有五而志於學，三十而立，四十而不惑，五十而知天命，六十而耳順，七十而從心所欲，不踰矩。」孔子到了四十歲便不再困惑，也就是已經達到智的境界。

提到孔子不憂不懼的事蹟，當是孔子被匡地的人誤認為陽虎，而將他與弟子團團圍住時的危機處理。這段插曲發生在孔子五十五歲，從衛國要到陳國的途中經過匡地（今河南省長垣縣），因為孔子與曾經蹂躪過該地的陽虎長得很像，因此匡人將孔子誤以為是陽虎，企圖對他們一行人不利。諸多弟子都驚惶失措，唯獨孔子毫無懼色，談笑自若，後來證明是誤會一場，眾人安然無恙地離開匡地。

而後世稱「智仁勇」為「三達德」，是出自《中庸》的「智仁勇三者，天下之達德也」。

歷久彌新說名句

「知、仁、勇」現普遍寫為「智、仁、勇」。梁啟超曾以此為依據，認為教育應分為「智育、情育、意育」三部分。知育要教育人不惑，情育要教育人不憂，意育要教育人不懼，老師不但要教導學生此三者，也要自己先作到此三者。

在孔子之後，最常被稱兼具「智仁勇」三達德的人，當是三國時代蜀漢名將關羽。關羽不只公認為具「智仁勇」，還兼有「忠義禮」三德，因此被尊稱為「武聖」。

忠指關羽對漢室忠心不二；義指他對義兄劉備不離不棄；禮是指他保護兩位嫂子，謹守禮法不踰矩。而智是指他用計水淹敵七軍，大獲全勝；仁是指關羽與未歸順劉備時的黃忠對戰，黃忠馬前失蹄，他並未趁人之危，反而叫黃忠換馬再戰；勇指他過五關斬六將，溫酒斬華雄，單刀赴東吳設下的「鴻門宴」。

佛家所說的「戒定慧」與儒家「智仁勇」頗為相似，戒就是守法、守規矩，定就是靈台清淨、意志堅定，慧就是能辨別是非善惡，差別在「戒定慧」較為被動，「智仁勇」較為主動積極。

佛家稱「戒定慧」為三學。《百喻經》有個比喻，說從前有個愚人，看見別人在造三層樓房，就對造樓的工人說：「我不要第一層、第二層，就給我造一個第三層吧！」佛稱他是個愚人，因為沒有第一層、第二層，哪來的第三層？

「智仁勇」也應如「戒定慧」是三位一體，光有其中之一或之二，仍是不足的。

君子求諸己，小人求諸人

名句的誕生

子曰：「君子求[1]諸[2]己，小人求諸人[3]。」

〈衛靈公・二十〉

完全讀懂名句

1. 求：有要求、期待、責成等意義。
2. 諸：之於。
3. 人：別人。

孔子說：「君子要求的是自己，而小人要求的是別人。」

名句的故事

除了「君子求諸己，小人求諸人」之外，孔子在〈衛靈公〉篇中還曾提到：「躬自厚，而薄責於人，則遠怨矣！」《中庸》裡記載，孔子曾說行仁的人有如在射箭，射箭者先端正自身，然後才發箭，若是不中，不會埋怨勝過自己的人，而是反求諸己，檢討自身的缺失。

宋朝理學家楊中立則將此句與前一章「君子疾沒世而名不稱焉」相結合，他說孔子擔憂死後未能傳下名聲，因此重視「反求諸己」，而小人到處「沽名釣譽」，才會有求於人。

孔子的弟子曾參所說的「吾日三省吾身」，也與「君子求諸己，小人求諸人」旨意相近。漢代劉向的《說苑》提到，曾子聽到孔子稱讚顏回、史鰌時，深深覺得自己遠不如他們，因為他聽孔子講了三句話，常常還做不到一句。他說孔子的長處在於見到別人一個優點，便忘記他的一百個缺點，而自己差之遠矣，所以曾子努力反省，並「以人之長，較己之短」，希望可以追上同學顏回以及老師孔子。

歷久彌新說名句

孔子曾多次闡述君子與小人的差別，而此章認為君子應努力發展自我，而非依存於外部的力量，也接近康德「自律」與「他律」的理論。有人將此段話解釋為「嚴以律己，寬以待人」，或如今天刮鬍刀廣告中的台詞，「要刮別人的鬍子，先把自己的鬍子刮乾淨」。

大禹兒子伯啟的故事，是歷史上流傳下來「反求諸己」的典範。根據《呂氏春秋》的記載，大禹在位為皇帝時，諸侯有扈氏起兵叛變，大禹派兒子伯啟去討伐，兩軍在「甘」大戰，伯啟的部隊被打得落花流水、兵敗而逃。

伯啟的幕僚勸伯啟重新整頓軍隊，再度出兵還擊，然而伯啟卻不同意，部將感到相當奇怪。伯啟反問部將：「有扈氏擾亂人民生活秩序，我才奉命來圍剿他。然而，我所率領的部隊如此精良，卻還打不贏他們。這是為什麼呢？」部將答不上來，伯啟說：「是吾德薄而教不善也。」他認為戰敗的原因在於自己還有待改進的地方，譬如沒有以身作則帶領將士，或是領導統馭的方式不如敵軍。

從此，伯啟與士兵共同作息，生活力求樸實，天還未亮，就起來操練。有扈氏看到伯啟改變，不但不敢再進犯，反而帶兵前來歸順。

歷史上，知識分子都肯定孔子此章觀點，但當代社會學與人類學學者費孝通在《鄉土中國》中，卻批評孔子仍以自我為中心，「孔子的道德系統裡絕不肯離開差序格局的中心，『君子求諸己，小人求諸人』。因之，他不能像耶穌一樣普愛天下，甚至而愛他的仇敵，還要為殺死他的人求上帝的饒赦——這些不是從自我中心出發的。」這是把社會宗教化。我們能期望人人成為君子，但不能期望每一個人成為耶穌、墨翟。

無論如何，此章成為儒家的正宗心法，強調君子必先正己方能正人，否則如果只是個偽君子，有時恐怕比真小人還不如。

小不忍則亂大謀

名句的誕生

子曰：「巧言[1]亂[2]德。小不忍則亂大謀[3]。」

〈衛靈公・二十六〉

完全讀懂名句

1. 巧言：花言巧語。
2. 亂：敗亂。
3. 謀：計畫。

花言巧語往往可以混淆道德判斷。小事情不忍耐就會攪亂大的計畫。

名句的故事

孔子認為要善於辨識他人說話的出發點和用意，不要被表面上好聽的虛偽言詞所迷惑。老子曾說：「信言不美，美言不信。」（《道德經》八十一章）孔子在這點與老子看法相同，他也說：「巧言令色，鮮矣仁！」（〈學而・三〉）孔子帶著弟子周遊列國時，在陳國被亂兵包圍，沒有東西可吃，弟子中許多人都餓出病來了，個性最急躁的子路首先發難，他質問孔子：「有學問又有道德的人為什麼還會遭到危難？」孔子回答他：「君子固窮，小人窮斯濫矣。」（〈衛靈公・一〉）有道德有學問的人就算遭遇危難也能夠固守本心，不會敗壞道德。因此，「忍耐」不僅是成功立業的必要條件，還是個人修身養性一定要作的功課呢！

歷久彌新說名句

俗話說：「忍字心上一把刀。」在處世哲學裡，一個忍字可以有以下幾種境界：

一是忍受、含忍。蘇軾在〈留侯論〉開宗明義說：「古之所謂豪傑之士者，必有過人之節。人情有所不能忍者，匹夫見辱，拔劍而起，挺身而鬥，此不足為勇也。天下有大勇者，卒然臨之而不驚，無故加之而不怒，此其所挾持者甚大，而其志甚遠也。」這段話是「小不忍則亂大謀」的最佳解釋。古今中外能夠成大功立大業的人一定都有過人之處，一般人容易為了「面子」問題，逞口舌之勇、一時之快，這並不是「勇」的真義。真正的勇應該是處變不驚、慎謀能斷，且能以忍受、含受的方式珍愛自己。蘇軾提到的留侯就是張良，相傳張良就是因為能忍，承受圯上老人的刁難，而得到相贈的兵書，助漢高祖打下了天下。

二是忍苦、堅忍。所謂「吃得苦中苦，方為人上人」，越王句踐被吳王夫差打敗之後，「身請為臣，妻為妾」、「臥薪嘗膽」、「十年生聚，十年教訓」，終於在有生之年得以復仇雪恥。這就是忍苦、堅忍。

三是忍痛割愛、果決。世界上沒有十全十美的事情，許多時候必須快刀斬亂麻，痛下決心。三國時代，諸葛亮的愛將馬謖因為剛愎自用，不聽諸葛亮的叮嚀，硬要在山頂紮營，結果被魏將張郃所敗；使得諸葛亮所在的西城無兵可守，卻要面對司馬懿的大軍，結果諸葛亮用空城計騙得司馬懿不敢進攻，勉強保住了西城。諸葛亮回朝之後因此忍痛斬了愛將馬謖，這就是國劇中有名的「失空斬」。不斬馬謖，諸葛亮從此就無法號令部屬。《易經．蒙卦．象傳》說：「山下出泉，蒙。君子以果行育德。」意思是，蒙卦的卦象如泉水出自地下，可大可小，其作用兼具有利於人以及害人的一面，去害就利，在於人的果決行動，因勢利導，否則就會漫浸害人。因此敏於行，藉由實踐鍛鍊出果決的行動力是相當重要的。

西方有格言：「容忍比自由還重要。」胡適也認為：「容忍就是自由，沒有容忍就沒有自由。」在這層意義上，「忍」可以理解為自我控制，唯有小我的容忍寬容，才能成就大我更大的自由。

君子之過也，如日月之食焉

名句的誕生

子貢曰：「君子之過[1]也，如日月之食[2]焉。過也，人皆見之；更[3]也，人皆仰[4]之。」

〈子張·二十一〉

完全讀懂名句

1. 過：過錯。
2. 食：同「蝕」。
3. 更：改正。
4. 仰：敬仰。

君子的過錯，就好像日蝕或月蝕。當過錯發生的時候，大家都看得見；但改過之後，人人都還是敬仰他。

名句的故事

孔子首創私學，據說他的學生有「賢人七十，弟子三千」，在《論語》裡見到的孔子弟子有三十五人，〈子張〉這一篇就集中記載了孔門弟子子張、子夏、子游、曾子、子貢等人的一些言行。

子貢，複姓端木，名賜，字子贛，在孔門四科裡，子貢以言語見長。他在跟孔子求學之前，就曾經有從商經驗，是一個成功的商人，《史記·貨殖列傳》云：「子贛既學於仲尼，退而仕於衛，廢著鬻財於曹、魯之間，七十子之徒，賜最為饒益。」這是說子貢跟孔子求學，後來在衛國當官，又在曹國、魯國之間買賣貨物，孔子的七十個有名的弟子裡，就數子貢的經濟狀況最好。《論衡·知實篇》說他

「善居積，意貴賤之期，數得其時，故貨殖多，富比陶朱。」由這段話看得出來，子貢相當有商業頭腦，他把貨物囤積起來，而且總是能預測到貨物價錢貴賤的時候，賤買貴賣，所以賺了很多錢，能夠跟陶朱公相提並論。

此章是子貢說明君子有過錯的情況，可以跟〈子張．八〉互相參看，其中子夏提到：「小人之過也必文。」文是「文飾」的意思。君子平常光明磊落，有了過錯就好像日蝕或月蝕那樣，不會故意掩飾，所以眾人都看得到，但是只要改過了，就好像日蝕或月蝕過後，又恢復光明與皎潔，眾人依然崇敬、仰望。而小人一有了過錯，一定趕緊想辦法文過飾非，可能又要說謊來圓謊，因此德行就愈來愈差了。

歷久彌新說名句

《左傳．宣公二年》：「人誰無過？過而能改，善莫大焉。」唐代劉禹錫說：「賢能不能無過。」（〈華陀論〉）連賢人都不能沒有過錯，何況是一般人？而判斷一個人是君子或小人，就看他面對過錯的處理態度。君子之所以為君子，就在於當他犯錯時，是不會遮掩矯飾的，因為既然有心要改，何必怕別人知道？孔子也說：「丘也幸，苟有過，人必知之。」（〈述而．三十〉）孔子並不害怕別人知道他的過失，反而很慶幸有人提醒他問題所在，使他有改進的機會。

《三國演義》描寫赤壁大戰前夕，曹操志得意滿地在連環戰船上大排宴席，席間曹操先歷數自己的功績，然後高吟〈短歌行〉，文官武將無不齊聲附和，突然曹操向博士祭酒師勖徵詢意見，師勖起先也只敢奉承一番，曹操卻說：「我向來是聞過則喜，你但說無妨。」於是師勖就直言曹操詩歌不合古韻的意見，曹操一怒大喝：「汝安敢敗吾興！」便當場將師勖刺死，在場無不大驚失色，事後曹操卻又以酒後失態為由假慈悲一番，這段故事可說是「小人之過也必文」的最佳寫照。

春秋時期的齊景公是一個縱情聲色的君主，所幸他有一位足智多謀的宰相——晏嬰。有一次齊景公喝酒連喝了七天七夜，大臣弦章上諫說：「大王，您已經連喝七天七夜了，請以國事為重，別再喝了，否則就請先賜死於我。」之後晏子來覲見齊景公，齊景公向他訴苦說：「弦章勸我戒酒，要不然就賜死他。我如果聽他的話，以後恐怕就失去飲酒的樂趣了；不聽他的話，他又不想活，這該如何是好？」晏子聽了便說：「弦章遇到您這樣寬厚的國君，真是幸運啊！如果遇到夏桀、殷紂王，不是早就沒命了嗎？」由於晏嬰這番機智的答話，以縱情聲色而亡國的夏桀、商紂來警惕齊景公，齊景公果真戒酒了。

一般人若能有「聞過則喜」的虛心態度，又做得到「過而能改」，自然可以不斷進步；若是只知「聞過則諱」或是「文過飾非」，將永遠錯失改進的機會，恐怕就連身邊的益友也會逐漸遠去。

論語100

鄉原，德之賊也

——言語行為

巧言令色，鮮矣仁

名句的誕生

子曰：「巧[1]言令[2]色，鮮[3]矣仁！」

〈學而・三〉

完全讀懂名句

1. 巧：高妙靈活的意思。
2. 令：美善的意思。
3. 鮮：讀作ㄒㄧㄢˇ，xiǎn，「少」的意思。

話說得很動聽，臉色裝得很和善，可是一點也不誠懇。

名句的故事

「巧言」用現代話來說就是會吹、會蓋，「令色」就是外表很虛偽。這種心口不一、只會舌粲蓮花的人，為了一己利益，或逢迎拍馬，或專給人戴高帽，也許會受到一般人歡迎，但卻是孔子很討厭的行為。在〈公冶長・二十五〉中，也記載著孔子提到：「巧言、令色、足恭，左丘明恥之，丘亦恥之；匿怨而友其人，左丘明恥之，丘亦恥之。」左丘明相傳是《左傳》的作者，是孔子敬重的一位賢人。「足恭」指的是「過於恭敬」。話說得很動聽、臉色裝得很討人喜歡、態度過於恭敬，隱藏內心對朋友的怨恨，外表還稱兄道弟，這種只注重表面形式而心裡卻不知在打什麼算盤的人，是孔子最不齒的。

歷久彌新說名句

三國魏明帝時有個叫劉曄的大臣，當時魏明帝曹睿想進攻蜀漢，群臣都認為不可行。於是曹睿詢問劉曄的意見，他就順著曹睿的心意，說伐蜀可行，但私下又對其他人說不可行。

中領軍楊暨也是曹睿的親近大臣，他堅定反對伐蜀。劉曄每次遇到楊暨，都投其所好，大談不可伐蜀的道理。有一次，楊暨又勸諫曹睿打消伐蜀的念頭，曹睿一急，脫口而出說：「卿不過是一名書生，哪懂帶兵打仗的道理！」楊暨不服氣，說：「臣也許不行，但劉曄是先帝的謀臣，他也說不可伐蜀。」曹睿一愣，召來劉曄當場對質，但劉曄堅持不肯表態。

後來，劉曄單獨去見曹睿說：「伐國，大謀也，臣得與聞大謀，常恐眯夢漏泄以益臣罪，焉敢向人言之？夫兵，詭道也，軍事未發，不厭其密也。陛下顯然露之，臣恐敵國已聞之矣。」劉曄解釋是擔心軍情洩漏才不說出自己的心意，曹睿聽說如此，趕忙向劉曄道謝。

劉曄又跟楊暨說：「夫釣者中大魚，則縱而隨之，須可制而後牽，則無不得也。人主之威，豈徒大魚而已！子誠直臣，然計不足采，不可不精思也。」劉曄跟楊暨說的是「放長線釣大魚」的道理，責備楊暨雖然正直卻沒有謀略，這番話也說得楊暨頻頻點頭。

然而，儘管劉曄「巧言令色」至此，但還是有討厭他的人向曹睿報告：「劉曄不忠，每次都揣摩陛下的心意而曲意迎合。陛下如果故意透露與自己心意相反的訊息給他，他回答的與陛下不同，才表示他與陛下的想法一致。否則就是他是趨合上意。」曹睿就這樣試了一下，劉曄果然露出馬腳，從此曹睿就疏遠了劉曄。裴松之在《三國志．劉曄傳》便注說：「諺曰：『巧詐不如拙誠』，信矣！」

英文諺語不也有「Those who seek to please everybody, please nobody」，想要討好所有的人，最後是誰也沒討好。《紅樓夢》裡王熙鳳能言善道、長袖善舞，但最後還是落了個「機關算盡太聰明，反誤了卿卿性命」的下場。所以為人處事還是「寧拙勿巧，寧樸勿華」來得實在些。

人而無信，不知其可也

名句的誕生

子曰：「人而無信，不知其可也。大車[1]無輗[2]，小車[3]無軏[4]，其何以行之哉？」

〈為政・二十二〉

完全讀懂名句

1. 大車：在古代指的是牛車，專載笨重的貨物。
2. 輗：讀作ㄋㄧˊ，ní，古時車從車廂下伸到車前的長木稱為轅，一橫木縛轅端，古稱衡；輗則是連結轅與衡之小榫頭，為木製外裹鐵皮，使轅與衡可以靈活轉動，不滯固。
3. 小車：在古代則是輕車，指駕馭四馬的馬車，古時田車、獵車、戰車與平常乘車，皆為輕車。
4. 軏：讀作ㄩㄝˋ，yuè，輕車在車前中央有一轅，轅頭曲向上，與橫木鑿孔相對，軏就貫穿其中。

孔子說：「一個人如果不講信用，真不知道他如何與人交往、立身處世。就像大車沒有連接橫木的輗，小車沒有連接橫木的軏，要車子怎樣行走前進呢？」

名句的故事

孔子會有「人而無信，不知其可也」之歎，應該是周遊列國，被諸國國君開了許多「空頭支票」。他們在接見孔子時，想必都「信誓旦旦」會採納建言，實際上卻是說一套、做一套。孔子在〈顏淵・七〉中曾說過：「自古皆有死，民無信不立。」討論的就是沒有誠信，不足以治國。

近代學者蔣伯潛區分「信」有二層意義：「說話必須真實；說了話必須能踐言。」孔子所說的「信」，正是兼具這兩義。

孔子的弟子曾子為子殺小豬的故事，千古引為誠信佳話，史稱「曾子殺彘」。有一天，曾子的妻子準備到市場趕集，可是孩子在一旁哭鬧著要跟去，於是哄騙他乖乖待在家，回來會殺豬給他吃。等到她回家後，看到曾子真的準備殺豬，便對他說不過騙騙小孩而已，何必當真，曾子說：「現在妳哄騙他，就是教孩子騙人啊！」於是曾子真說到做到地把豬給殺了。

歷久彌新說名句

東漢許慎在《說文解字》中如此解釋：「信，誠也。從人從言，會意。」也就是說，當初造字時以「人言」為信，表示人言即可信，人從口中說出的言語便是承諾，與孔子的理想並無二致。

而關於「信用」，「季札掛劍」、「徙木立信」都是春秋時代誠信的代表。

「季札掛劍」的故事敘述，吳國人季札到北方拜見徐國君主，徐君很喜歡他的劍。由於季札必須繼續出使其他國家，因此未能送給徐君，但內心已決定贈劍。等所有出使完畢後，他再次經過徐國，不料徐君已死。季札不違背內心所做的承諾，把劍掛在徐君墳前，然後離去。

「徙木立信」說的是商鞅變法的故事。商鞅受秦孝公重用，實行兩次變法，但變法之初，人民並不相信政府，因此他想出「徙木立信」的策略。商鞅把一根三丈高的木頭豎立在秦國都城南門前，然後張貼公告，「如果有人能把這根木頭搬到北門，就賞十金」，然而卻沒有人去嘗試。商鞅又下令把獎賞加至五十金，於是真有人把木頭從南門搬到北門去，商鞅「履行諾言」把五十金賞給此人。由此，老百姓知道商鞅說到做到，之後都不敢懷疑他所頒布的新法令，商鞅變法也得以順利推行。

朽木不可雕也

名句的誕生

宰予[1]晝寢[2]。子曰：「朽木不可雕也[3]，糞土之牆不可杇也[4]。於予與何誅[5]！」子曰：「始[6]吾於人也，聽其言而信其行；今吾於人也，聽其言而觀其行。於予與改是[7]。」

〈公冶長・十〉

完全讀懂名句

1. 宰予：孔子弟子，姓宰，名予，字子我，又稱宰我。
2. 晝寢：白天就在睡覺。
3. 朽木不可雕也：腐爛的木頭，不能再加以雕刻。
4. 糞土之牆不可杇也：糞土，穢土。杇，飾牆的泥刀。意思為穢土之牆不可再加以粉飾。
5. 誅：責難。
6. 始：原本，起先。
7. 是：指上文「聽其言而信其行」。

宰予白天睡覺，孔子說：「爛木頭不能再雕刻，骯髒的土牆不能再粉飾。我對宰予，還能責備些什麼呢！」孔子又說：「以前我對人，總是聽了他說的話，就相信他的行為。現在我對人，聽了他的話，還得再看看他的行為。我是因為宰予才改變我的態度。」

名句的故事

古代對於「晝寢」責備甚多，以孔子這段話最具代表性，其他例如《韓詩外傳》中有：「衛靈公晝寢而起，志氣益衰。」宋玉〈高唐賦〉也提到楚王：「晝寢於高唐之臺。」

古代照明設備不佳，所以特別珍惜白天的光陰，因此認為「晝寢」是不可饒恕的事。衛靈公有美艷風流著稱的老婆南子，還寵信美男子彌子瑕（兩人有「分桃」的故事），大白天睡覺，精神不佳；而楚王「晝寢於高唐之臺」，作的是與巫山神女「共赴雲雨」的春夢。

此章是《論語》中具爭議的章句。歷來有學者認為「晝寢」是「畫寢」之誤，而此章只見於《齊論》而不見於《魯論》，現通行的《張侯論》以《魯論》為主，也兼採《齊論》的篇章，並將此章收錄於內。宰我後來在齊國作官，因為排擠權臣田氏，被田氏所殺，田氏自立為齊國君主，而宰予在齊國恐怕已被污名化，此篇文句可能遭到扭曲。

歷久彌新說名句

孔子這番話，讓後世兩千多年讀書人都不敢白天睡覺，例如以儒家正宗自居的曾國藩，雖然時常夜戰太平天國的軍隊，白天實在想休息，但是「朽木不可雕也，糞土之牆不可杇也」的罪名太重，所以偶爾忍不住要睡覺，也是拿著一本書，裝作讀書地趴在桌上睡。後來，他想了個變通的辦法，就是「睡晚覺」，在晚飯之前睡一下，不敢違背聖人教訓。

有人認為「晝寢」是「畫寢」的誤筆，否則豈不生病也不能臥床。首先提出這一論點的是梁武帝，而梁啟超也如此說，宰予非常調皮，常常在寢室裡「畫」壁畫，可說相當幼稚，因此孔子才罵他。此外，南懷瑾先生認為宰予身體不好，所以才常常白天睡覺，這句話反而是孔子體諒他的話，認為「朽木」、「糞土之牆」都是指宰予體弱多病，不需要再強求他了。

依當代醫學的看法，睡午覺可說是好處多多。哈佛大學心理學研究中心指出，午睡一個小時，下午的清醒度是早晨的九成，而愛睡午覺者也常以「午睡一小時，可抵夜睡兩小時」的口號，努力推廣午睡的習慣。

暴虎馮河，死而無悔者，吾不與也

名句的誕生

子謂顏淵曰：「用[1]之則行，舍之則藏[2]，唯我與爾有是夫！」子路曰：「子行三軍，則誰與？」子曰：「暴虎馮河[3]，死而無悔者，吾不與也。必也臨事而懼，好謀而成者也。」

〈述而・十〉

完全讀懂名句

1. 用：任用。
2. 藏：藏身，這裡有隱居藏身修道之意。
3. 暴虎馮河：空拳打虎，徒步涉水，有勇無謀之意。暴，搏鬥。馮，又做「凴」，音ㄆㄧㄥˊ，píng。

孔子對顏淵說：「有人任用，就盡其所能，行道於天下；無人任用，就藏身修道，能做到的就只有我和你而已啊！」子路說：「您如果率領三軍，誰跟您去？」孔子說：「赤手空拳打虎，不乘船卻徒步涉水的人，我是不會跟他同行的。一定要找遇事能謹慎小心處理，事前詳細謀畫，有成功把握的人一起前往。」

名句的故事

從這段語錄中，可以看到子路魯莽的個性，他一聽到孔子讚美顏淵，心想這種修身養性的穩健性格絕不是他的長處，但他的勇氣十足。於是子路就問，孔子當三軍統領會帶誰一起作戰，以為能藉此機會突顯自己驍勇善戰的一面。哪想到，孔子教訓了他一番，並表示不願與一個有勇無謀的人一起上戰場！

《史記・仲尼弟子列傳》中提到，子路在衛

國從政，內戰時遇難。死前，子路冠上的纓帶被砍斷，卻謹記「君子死而冠不免」的禮儀，把纓帶繫好後從容就義。就在孔子得知衛國戰亂時，便說：「嗟乎！由死矣！」果然子路殉難，孔子傷感說道：「自吾得由，惡言不聞於耳。」表示自從子路成為孔子的學生後，找孔子麻煩的人愈來愈少，因為子路一向就是衝鋒陷陣的魯莽個性，遇到有人對老師不敬，一定是挺身辯護。師生之情，溢於言表。

歷久彌新說名句

西楚霸王項羽在司馬遷心中，雖然是快速竄起，稱霸一方，但有勇無謀，恣意獨行，最後是眾叛親離。司馬遷評斷項羽，認為他是只講蠻力，不尚智謀的霸王而已，所以在〈項羽本紀贊〉中，批評他：「自矜功伐，奮其私智，而不師古，謂霸王之業，欲以力征。」

既然有「暴虎馮河」之士，當然也有智勇雙全的英雄。看看大文豪歌德如何讚許拿破崙的軍事天才：「拿破崙是古來最富生產力的人，非常的偉業所藉以升起的那種神奇的光明，往往是青春與生產力相互結合的成果。」（《歌德對話錄》）這個被譽為「由花崗岩打造成的人」，拿破崙的天才偉業，不僅因為他將身體鍛鍊如岩石般，能在酷熱或者雪地中少食少睡，體能耐力一流，還因為他時時保持著清楚鎮定的決策能力，並貫徹執行。拿破崙的英雄本色，流露於他臨死前的名言：「我將毫無懼色地走向上帝的審判椅。」

德國近代作家海因里希・曼（Heinrich Mann）說，他喜歡讀拿破崙動盪傳奇的一生：「我喜歡閱讀這部回憶錄，因為它囊括著全部，世界與精神的全部盡在其中……我將它視為精神的基督受難曲，如同別人閱讀著新約全書。」英雄足矣！輝煌的天才功業與其精神，如此常駐世間。

子不語：怪、力、亂、神

名句的誕生

子不語[1]：怪[2]、力、亂、神[3]。

〈述而・二十〉

完全讀懂名句

1. 不語：不談論，不肯定也不否定。
2. 怪：反常的事。
3. 神：神異之事，與迷信有關的事物。

孔子不討論有關於反常的、逞勇鬥狠的、悖亂的、神異的事情。

名句的故事

三國時代魏國著名的儒者王肅解釋孔子為何不語怪力亂神，他說怪指的是怪異難得發生的事，力指的就像大力士舉起千金之重，亂一如子殺父、父殺子，神指的是鬼神的傳說，對於教化民眾無益。

雖然孔子自己不講怪、力、亂、神，但是在他人述及孔子的生平故事中，卻仍少不了這些色彩，晉朝王嘉的《拾遺記》提到，孔子在出生前，有一頭麒麟來到他家院子，口吐玉書，說他是「王侯之種」，但卻「生不逢時」，這就是所謂「麟吐玉書」的傳說，孔子也被認為是「麒麟子」。

《公羊傳》裡記載，孔子老年時聽到有人獵獲一隻怪獸，以為是麒麟，便認為自己的壽元將盡（「吾道窮矣」），《春秋》一書就寫不下去，不久便過世了。

根據《史記》，孔子也曾用卜卦的方式，來化解疑難與困惑。由此可知，孔子並不否定怪、力、亂、神的存在，只因與教化民眾、導正世風無益，所以不講。

歷久彌新說名句

此章引發後世不少議論，爭辯孔子是否為「無神論者」，或為「實用的理性主義者」。不過，孔子不語怪力亂神在春秋時代卻是創舉，因為唯獨把人們的心力從鬼神轉向人道，才能開展文化與教育。

子不語怪力亂神，而清代的才子袁枚卻是反其道而行，他將自己所聽到的神鬼、妖怪、狐仙，甚至奇人奇事，通通整理成冊，並特意將書名取為《子不語》（又名《新齊諧》），表示所記所載皆為怪、力、亂、神之事，共有七百篇。

袁枚的說法堪稱一絕，他說雖然「怪力亂神，子所不語也」，但是古代聖人的生平卻有很多此類傳說，此外左丘明的《左傳》就充滿了怪力亂神，而且還寫得特別詳細。

關於怪力亂神的故事，袁枚在《子不語》的序中寫道：「余生平寡嗜好，凡飲酒、度曲、樗蒱，可以接群居之權者，一無能焉；文史外無以自娛，乃廣採游心駭耳之事，妄言妄聽，記而存之，非有所惑也；譬如嗜味者，饜八珍矣，而不廣嘗夫蚳醢葵菹，則脾困。」

他的意思是怪力亂神的故事就像是很特別的食物，經史子集雖然是營養豐富的正餐，但天天吃也會膩，偶而也要嚐點不一樣的東西，因此偶爾讀一讀嚇人的傳說，當成自己的休閒娛樂，他姑妄言之，讀者就姑妄聽之了。

他還舉了唐代的顏真卿、李泌為例，他們兩人「功在社稷」但好談鬼怪，而韓愈以傳聖人之道自許，但也喜歡「無稽之談」。袁枚自稱，雖然無法像這些人般建功立業，但可以跟他們有一樣的嗜好，絕對不會妨礙正事的。

人之將死，其言也善

名句的誕生

曾子[1]有疾，孟敬子[2]問之。曾子言曰：「鳥之將死，其鳴也哀；人之將死，其言也善。君子所貴[3]乎道者三：動[4]容貌，斯遠暴慢[5]矣；正顏色，斯近信矣；出辭氣，斯遠鄙倍[6]矣；籩豆[7]之事，則有司[8]存。」

〈泰伯・四〉

完全讀懂名句

1. 曾子：名參，字子輿，孔子弟子，以孝著稱，後世尊為「宗聖」。
2. 孟敬子：魯大夫仲孫捷。
3. 貴：注重、重視。
4. 動：有所作為、開始做。
5. 暴慢：放肆粗暴。
6. 倍：與「背」同，謂背理也。
7. 籩豆：古代祭祀時，用來盛祭祀品的竹器和高腳木器。
8. 有司：管事的人。

曾子生病快死了，魯國大家族孟敬子去探問他。曾子說：「鳥快死時，鳴叫的聲音發自內心，讓人感到悲哀；人將死時說的話是善良的。君子為人處事看重三個道理：第一是容貌舉止合乎禮節，就可以遠離他人的粗暴傲慢；第二是面容表情端莊，容易獲得別人的信賴；第三是言詞語氣表達得體，便能避免鄙陋不合理的事。而其他一般祭祀禮節與器用的事情，有專門負責的人依據一定的程序進行，不需要太操心。」

名句的故事

孟敬子是魯國大夫仲孫捷，曾參臥病在床時，他前去探望。曾子的病情有多嚴重呢？根據《禮記．檀弓》記載，當時曾子的弟子、兒子、孫子，都圍在床邊，隨侍在側。曾子看孟敬子前來探問，便主動獻言，他先提醒說：「鳥之將死，其鳴也哀；人之將死，其言也善。」意思是說，鳥因為恐懼死亡，發出的叫聲淒厲而悲哀；人因為到了生命的盡頭，回到自己生命的本質，所以說出來的話是善良的。曾子這番話十分慎重，肯定希望孟敬子能把他的話聽進去。

為什麼曾子需要這樣提醒孟敬子呢？《禮記．檀弓》有一則小故事，可幫助我們認識孟敬子這個人。當時魯國三家大夫，就是季孫氏、叔孫氏、仲孫氏的權勢直逼魯國君王。當在位的魯悼公過世時，季孫家的季昭子便問仲孫家的孟敬子，這個時候應該要吃什麼。孟敬子便回答，天下人都知道這時候應該要吃粥，不過天下人也知道我們這三家大夫是跟君王相抗衡的，如果要勉強這樣做，我是辦得到的，可是這會讓人懷疑我們的誠意，所以乾脆還是繼續吃我們想要吃的。這顯然是孟敬子的強辯之詞，同時也突顯了他的無禮。

所以，曾子奉勸孟敬子君子重視的三件事情：容貌、顏色、辭氣。這是曾子用迂迴的方式訓誡孟敬子。在接近人生盡頭的這一刻，曾子真心誠意的告誡更值得後人用心體會。

歷久彌新說名句

《禮記．檀弓》中還有一則故事，可以瞭解曾子重禮的程度。曾子過世前家人圍在病床邊，而當中突然有人發現，曾子躺在大夫用的竹蓆上面，這被病情嚴重的曾子聽到了，他堅持一定要換掉這個由季孫氏贈送的竹蓆，因為他希望自己能夠合乎禮而死。大家只好順從曾子的意思，把他扶起來，更換竹蓆。遺憾的是，竹蓆換好後，曾子還沒躺好就過世。

此外，《禮記》也記載：「曾子之喪，浴于爨室。」「爨室」就是廚房，意即曾子的遺體是在廚房梳洗的。照道理遺體的處理應該要在房間，這對於重禮的曾子來說，應是相當不合適的。

《三國演義》第八十五回描述到，劉備在過世之前曾對諸葛亮說：「朕不讀書，粗知大略。聖人云：鳥之將死，其鳴也哀；人之將死，其言也善。朕本待與卿等同滅曹賊，共扶漢室；不幸中道而別。煩丞相將詔付與太子禪，令勿以為常言。凡事更望丞相之！」劉備最後託孤於諸葛亮，從其話中也看得出來，劉備很清楚自己的兒子是無法承繼大業的，因此臨終時引用聖人之言：「鳥之將死，其鳴也哀；人之將死，其言也善。」便是一心希望諸葛亮能凡事多擔待。諸葛孔明當然是聽得懂，所以他回答：「臣等盡施犬馬之勞，以報陛下知遇之恩也。」這樣真切的君臣之交，傳為千古佳話。

仁者，其言也訒

名句的誕生

司馬牛[1]問仁。子曰：「仁者，其言也訒[2]。」曰：「其言也訒，斯謂之仁已乎？」子曰：「為[3]之難，言之得無[4]訒乎？」

〈顏淵・三〉

完全讀懂名句

1. 司馬牛：孔子弟子，姓司馬，名犁，字子牛。
2. 訒：忍也；言訒，忍而不言，引申為說話謹慎。
3. 為：實踐。
4. 得無：能不、莫非。

司馬牛問如何做才是實踐仁德。孔子說：「有仁德的人，說話時會有所忍耐，謹慎小心。」司馬牛又問：「說話時有所忍耐，謹慎小心，這樣就算實踐仁德了嗎？」孔子說：「做的時候都很困難了，說的時候又怎能不慎重，有所忍耐呢？」

名句的故事

孔子的學生司馬牛，被史料形容為多言、個性急躁，他也是孔門裡有名的性情中人，有所謂「司馬牛之嘆」。他曾經嚎啕大哭道：「別人都有兄弟，唯獨我沒有！」其實，他並非真的沒有兄長，只是誇張地表達自己的苦楚，雖有兄長卻如同沒有一般。

他的哥哥是宋國的司馬桓魋，桓魋企圖謀害宋景公，於是身為弟弟的司馬牛非常憂慮桓魋的謀反如果成功，那便是弒君篡位。但同時又擔心，如果謀反失敗，就會召來滅族之禍。因此，他陷入兩難之境，憂心忡忡，不知如何是好。

一日，司馬牛去見孔老師，並向他請教儒家思想的重點概念「仁」。以因材施教著稱的孔子，便對多言、急躁的司馬牛說：「仁者說話會非常慎重。」司馬牛可能覺得「仁」怎麼可能這麼平凡無奇，忍不住又問：「說話慎重，就叫做仁了嗎？」孔子進一步解釋說：「付諸行動是很不容易的，因此說話的時候能不更加小心慎重嗎？」

之後，桓魋謀反行動失敗了，逃至衛，司馬牛知道了就馬上離開衛，前往齊。後來桓魋又到齊國，司馬牛又立刻離開齊，跑到吳。因為他曾發誓從此不和他哥哥事奉相同的君主。

歷久彌新說名句

常言道：「是非只為多開口，煩惱皆因巧弄唇。」又有：「話多不如話少，話少不如話好。」東晉名臣謝安似乎也是「言訒」一派的信徒。

話說某日，大書法家王羲之的三個兒子一同去拜訪謝安，老大王徽之、老二王凝之兩人高談闊論，但內容也不過是一些市井俗事，只有老三王獻之沉默不語，只偶爾插上幾句。兄弟三人走後，座中其他客人問兄弟三人哪位較為優秀，謝安就答道：「最小的勝出。」客人問：「為什麼呢？」謝安於是回答：「吉人之辭寡，躁人之辭多，推此知之。」（《世說新語．品藻第九》）意思就是：「好人的話少，急躁的人話多，由此可知一般。」

謝安偏好以言來觀人，而同樣是大才子的蘇東坡則喜歡以言辭來開玩笑；換言之，正好屬於「言訒」一派的反例。他「言不訒」的故事可不少，其中幾則與同為宋朝名臣的王安石有關。王安石自創了一本《字說》，認為從每個字的筆畫結構中，都能分析出構字的本意。

一日，蘇東坡拿了「坡」字問他：「這個字如何表示它的意義呢？」王安石回答：「坡是土的皮呀！」蘇東坡又問他：「那麼，『滑』

字是水的骨頭囉！」王安石一時無法自圓其說，只好默不吭聲。蘇東坡還曾問道：「拿竹去打馬，就叫做『篤』，不知道拿竹去打犬，是否也有一字呢？」王安石又茫然語塞。

又一日，蘇東坡拿了「鳩」字去找王安石：「按照《字說》的理論，這『鳩』字從九鳥，是有證據的。」王安石聽了很興奮：「什麼證據？」蘇東坡開口說道：「《詩經》上不是有『鳴鳩在桑，其子七兮。』兒子有七隻，連爹帶娘，加起來正好九隻，就成了『鳩』字嘛！」王安石先是認真地點頭稱是，後來才恍悟蘇東坡在取笑他，因此覺得蘇東坡太輕浮，後來將他貶為湖州刺史。看來「言不訒」還得要有一番才華，然而連大文豪蘇東坡都難逃「言不訒」的後果，又何況凡夫俗子呢！

狂者進取，狷者有所不爲也

名句的誕生

子曰：「不得中行[1]而與之[2]，必也狂狷[3]乎！狂者進取，狷者有所不為也。」

〈子路・二十一〉

完全讀懂名句

1. 中行：進退有節，言行合乎中庸。
2. 與之：與之同處的意思。
3. 狂狷：狂，指志大言大，而非真正的狂妄；狷，指性情正直，不肯同流合污。

孔子說：「找不到言行合乎中庸的人與他在一起，那麼就找狂狷的人吧！狂者雖然好高騖遠，但奮發向上、有進取心；狷者雖然拘謹，但潔身自好，有所不為。」

名句的故事

孟子解釋孔子這段話，認為中行者優於狂者，狂者又優於狷者。當代學者錢穆則反對狂者、狷者不如中行者，認為三者是聖人的不同類型，甚至可集於一人，他認為商朝的宰相伊尹、讓國給弟弟叔齊的伯夷，都是所謂聖人中的狂者，故狂狷非過與不及，中行也非在狂狷之間。他解釋，這段話可能是夫子自況，因為孔子雖自認為中行者，但是在其他人的眼中，卻可能是不折不扣的狂者或狷者，例如孔子進取於德業，但是面對名利卻有所不為。

〈微子〉篇有個楚狂，便是狂者的代表，他說孔子自身難保，卻還在為理想奔走。李白〈廬山謠寄盧侍御虛舟〉一詩的頭兩句便是：「我本楚狂人，鳳歌笑孔丘。」在〈憲問〉篇中則出現了晨門，說孔子「知其不可為而為之」，他可以說是狷者的代表。

漢武帝時代有一位主父偃，是歷史上有名的狂士，他曾說出豪語：「生不五鼎食，死即五鼎烹。」即大丈夫如果不能豪邁地用五個鼎盛菜，那麼還不如跳進五個鼎中被煮成食物。董仲舒可說是與主父偃完全相反的知識分子，他早年用功讀書時可以「三年不窺園」，用功到三年沒看自家的田園。

歷久彌新說名句

二次世界大戰後，生活普遍清苦，當時朱自清雖是教授，但每月薪資只能買三袋麵粉，而麵粉多半來自美援。當時美國扶植日本工業，使中國人感到不平，美國官員卻認為中國大學生都靠美國施捨才能上學，為何要反對美國政策？為了維護民族尊嚴，朱自清寧可餓肚子也不吃美國麵粉。去世之前，他還寫信給妻子說：「我是在拒絕美援麵粉的宣言上簽了名的，我們家今後不買配給的美國麵粉。」朱自清因此有「文壇第一狷者」的稱號。

此外，學貫中西的林語堂將他位於台北陽明山家中的書房，命名為「有不為齋」，便是從孔子這段話而來。林語堂說，會取此齋名也受到康有為的影響，康有為既然「有為」，必定「有不為」，正符合孟子的「唯有所不為然後可以有所為」的精神，也有道家「我無能為」、「我無所為」、「我乃無能為者」的意味。

狂者並非任意妄行，更非空口說大話而已，必須敢作敢為；狷者不是什麼事都不作，更非隱忍放任不義的事情發生。如果理解有所偏差，便會變成魯迅著名小說《狂人日記》和《阿Q正傳》中的狂人與阿Q。《狂人日記》透過一個有「被迫妄想症」患者的行為舉止與他眼中看到的瘋狂世界，指控封建社會的「禮教吃人」，隱喻偽君子的猙獰面目。《阿Q正傳》的主角阿Q追求「精神勝利法」，投機取巧、吃軟怕硬、貪小失大、麻木不仁。狂人與阿Q成了中國文化兩大病態性格的典型人物。

邦無道，危行言孫

名句的誕生

子曰：「邦有道[1]，危[2]言危行；邦無道，危行言孫[3]。」

〈憲問·四〉

完全讀懂名句

1. 道：方法，這裡指政治清明。
2. 危：正直。
3. 孫：音ㄒㄩㄣˋ，xun，謙卑。

孔子說：「當國家政治清明的時候，說話要正直不阿，做事要端正；當國家政治黑暗時，做事依然要端正，說話卻要謙卑、謹慎。」

名句的故事

春秋時代衛靈公無道，衛靈公的夫人從宋國嫁給衛靈公之後，卻先後與宋國的公子朝、衛靈公的寵臣彌子瑕，作出「不守婦道」的事情。衛靈公不但無法阻止，還發生寧可重用寵臣彌子瑕，卻不用正直忠臣蘧伯玉的事。當時衛國的大夫史魚已經重病在身，無計可施，決定以屍諫君。史魚臨終前告訴兒子，將他的屍體放在窗戶下的床上，不要放在大廳，並要求衛靈公來看他，以完成他的心願。

君王向臣子弔唁本來就不合禮，衛靈公卻以為這必定有特別的意義，所以前往。當衛靈公看到史魚躺在床上，並未入殮，覺得奇怪，就問他的兒子怎麼一回事。史魚的兒子告訴衛靈公，史魚臨終前交代，只要衛靈公重新任用蘧伯玉，就可以入殮。衛靈公終於被感動，重新任用蘧伯玉，罷退彌子瑕。

孔子後來便稱讚史魚與蘧伯玉，他說：「直哉，史魚！邦有道，如矢，邦無道，如矢。君子哉，蘧伯玉！邦有道則仕，邦無道則可卷而懷之。」（〈衛靈公．六〉）意思是說：「好一個正直的史魚！政治清明時他像箭一樣直，政治黑暗時他還是像箭一樣直。好一個君子蘧伯玉！政治清明時他做官，政治黑暗時他便隱退。」這段話與名句「邦有道，危言危行；邦無道，危行言孫」可以說是互相呼應的。

歷久彌新說名句

三國時代，曹操因為任用了杜畿為河東太守，使得定天下的大計幾乎完成了一半，杜畿的兒子杜恕承其父職，對於曹魏的輔政得失，向來也是直言不諱。他在一次的上疏中便提到：「當官不撓貴勢，執平不阿所私，危言危行以處朝廷者，自明主所察也。」（《三國志．杜畿傳》）這句話的意思是說，做官的人不可以屈服在權貴或私欲之下，立足於朝廷要能說話端正、做事端正，這是聖明的君主可以觀察到的。當然如果只是力求「容身保位」，保住自己做官的飯碗，聖明的君主也是會發現的。

然而，並非每個政治清明的世代都適合採用「危言危行」的標準，例如，歷史上便曾出現過「文字獄」的白色恐怖。士大夫往往因為隻字片語慘遭殺戮之禍，甚至是株連九族，清朝文字冤獄泛濫的情況又為歷代少見。例如呂留良案，呂留良本人是康熙時期人士，但是該案卻延續到乾隆王朝，呂留良最後甚至被戮屍。在這種政治環境的氣氛下，「危言危行」得小心犯了皇帝的大忌，倒是清朝文人因應「危行言孫」的必要性，將講求實證精神的「考據學」，發揮得淋漓盡致。

知其不可而為之

名句的誕生

子路宿於石門[1]。晨門[2]曰：「奚自[3]？」曰：「自孔氏。」曰：「是知其不可而為之者與？」

〈憲問‧四十一〉

完全讀懂名句

1. 石門：曲阜城一共有十二個城門，其南第二門稱為石門，為外城門。
2. 晨門：主守門，為晨夜開閉城門的人。
3. 奚自：從哪裡來。

子路在石門過了一夜。第二天清早入城，守門的人問：「你從哪裡來的？」子路說：「從孔家來的。」守門者說：「就是那位明知道行不通還一定要去做的人嗎？」

名句的故事

朱熹認為這位守門的人應是隱居在城門附近的賢者。宋朝的胡寅為孔子辯解，雖然晨門認為世事不可為，並譏笑孔子，然而以聖人的眼光來看天下，沒有完全不可為的時候。

當代國學大師錢穆說明此章中子路遇到晨門時，是孔子與諸弟子周遊列國，孔子派遣子路回魯國探視妻兒的情形。當子路到魯國城門外，天色已黑，因此城門關了起來，於是他投宿在附近。等到隔天一大早要入城，開門的晨門驚訝子路如此之早，所以才會問子路從哪裡來的，於是子路回答自己是孔子的弟子。

當時，孔子的名號在魯國人盡皆知，而晨門說孔子「知其不可而為之者」，應指孔子周遊列國，想說服諸侯施行仁道一事，如果孔子回到魯國教學修書，晨門就不會如此說了。

歷久彌新說名句

根據當代新儒家學者馮友蘭的說法，此章強調做應該做的事情，純粹是因為在道德上是對的，而不去計算自己的投資報酬率。

在成都祭祀諸葛亮的武鄉侯祠上便有此一聯：「其自任以天下之重如此，是知其不可而為之者與。」便是褒揚諸葛亮將天下的重任攬在身上，乃是知其不可而為之。

知其不可而為之，未必注定失敗；而成功的個案，近年來最令人印象深刻的，當屬二〇〇四年的美國職棒總冠軍波士頓紅襪隊。

背負著八十六年沒拿過總冠軍紀錄的波士頓紅襪隊，在美國聯盟冠軍賽時遇到了天敵紐約洋基隊，紐約洋基隊在七戰四勝制中先聲奪人，拿下了前三場的勝利，根據過去的歷史，沒有一支球隊能在如此絕對劣勢下反敗為勝，許多球評視其為「不可能的任務」。

談起紅襪隊的悲情史，曾任耶魯大學校長、已故的大聯盟會長吉亞瑪提就曾一語道盡：「棒球讓你傷心，它的設計就是讓你傷心。」因為太久沒有拿過總冠軍，紅襪隊球迷總以「有風格的輸者」（Stylish Loser）來形容自己。不過，波士頓人從來沒有放棄過紅襪隊，對它的支持可說「生死以之，永矢不離」。

就這樣，波士頓紅襪隊沒有人放棄希望，在隨後的四場比賽中步步為營、奮起直追，打敗洋基隊取得美國冠軍，之後更以秋風掃落葉之姿擊退國聯冠軍聖路易紅雀隊，奪得睽違將近一世紀的冠軍金盃。「我們知道許多超過九十歲的球迷都希望在蒙主恩召前，再看著紅襪贏一次世界大賽冠軍。而今，我們做到了！」紅襪老板維納在賽後激動地說。

「知其不可而為之」不可解釋為不看時機莽撞而行，這句話不是預設失敗，而是不害怕失敗，雖與「愚公移山」、「精衛填海」精神相似，但它更散發著不畏強逆的節操。

言不及義，好行小慧，難矣哉

名句的誕生

子曰：「群居終日，言不及義[1]，好行小慧[2]，難[3]矣哉！」

〈衛靈公・十六〉

完全讀懂名句

1. 義：道義。
2. 小慧：私智。
3. 難：很難走上正道。

孔子說：「一群人整天聚集在一起，講的都是些無聊話，又喜歡賣弄小聰明，實在很難走上人生的正道。」

名句的故事

孔子除了曾對「群居終日，言不及義，好行小慧」者流，說過「難矣哉」外，在〈陽貨・二十二〉裡，也對「飽食終日，無所用心」的人，有同樣的評語，認為他們將一事無成。

東漢儒者鄭玄認為「小慧」是指小才小智，終究無法成就些什麼，而朱熹解釋「小慧」是基於私心的智慧，言不及義者必定充滿放辟邪侈的念頭，只要有機會便會存著僥倖心理去冒險，最後難免造成禍害。

有人認為孔子發言的對象是學生，因為儘管孔子是有教無類，但畢竟還是有學生不受教，其中以「群居終日，言不及義，好行小慧」與「飽食終日，無所用心」兩種人，最讓孔子感到無能為力。

孔子這兩段，得到明末清初學者顧炎武的共鳴，他在《日知錄・南北學者之病》中寫道：

「飽食終日，無所用心，難矣哉，今日北方之學者是也。群居終日，言不及義，好行小慧，難矣哉，今日南方之學者是也。」

他認為明末南北學者因為受到了王陽明學說末流的惡劣影響，「束書不觀，遊談無根」，讀書人不真正看書只會整天聚在一起聊天吃飯，才使得明朝覆亡，因此他提倡「經世致用之學」，希望可以「挽狂瀾於既倒」。

歷久彌新說名句

孔子所感嘆的情形，今日依然沒有太大改變，尤其是八卦當道的現下，聊天、吃飯、喝酒，講講辦公室、政治、演藝界與朋友圈的八卦，或是說說賣弄小聰明的冷笑話，依然是「群居終日，言不及義，好行小慧」與「飽食終日，無所用心」。

接近孔子所說「言不及義」的成語有「談玄清議」，其所談「與國計民生無關」。而西晉為何亡國，一般皆認為是亡於知識分子的「清談誤國」，史學家陳寅恪的說法最具代表性，「清談之士若崇尚自然而不仕便罷，很不幸他們又出高仕且崇尚虛無，口談玄遠，不屑綜理世務之故，否則林泉隱逸清談玄理，乃其分內應有之事，縱無益於國計民生，亦必不致使神州陸沈百年丘墟也。」清談之士如果只是崇尚自然不當官也就罷了，否則再怎麼談也不會影響國計民生，但他們卻還是一個個都當大官，國家怎能不衰敗呢？

然而，有人以為孔子在生活上採取「道德嚴格主義」，必須時時刻刻進德修業，連閒扯淡都不可以，似乎不盡人情。其實，孔子這兩段話並沒有禁止聊天或休閒，而是不要「終日」就好。

君子不以言舉人，不以人廢言

名句的誕生

子曰：「君子不以言舉人[1]，不以人廢言[2]。」

〈衛靈公・二十二〉

完全讀懂名句

1. 舉人：推舉、舉薦一個人。
2. 廢言：輕視某人說的話。

孔子說：「君子不會因為一個人說的話好，便舉薦他，也不會因為一個人德性有缺，就不把他說的話當一回事。」

名句的故事

除了〈衛靈公〉記載有「君子不以言舉人，不以人廢言」，孔子在〈憲問・五〉也說過「有德者必有言，有言者不必有德」。孔子強調，有德行的人必定有嘉言，但是很會說話的人不一定有好的道德，所以對一個人，必須要「聽其言而觀其行」，不可相信片面之詞，不應該「以言舉人」，但也不可「以人廢言」。

孔子非常厭惡一個人「言論君子、行動小人」，或是「言論巨人、行動侏儒」。歷史上這類有名的例子有二，一是戰國時代的趙孝成王「以言取人」，用了只會「紙上談兵」的趙括，頂替實戰經驗豐富的老將廉頗。趙括自小熟讀兵書、講得頭頭是道，但首次帶兵與秦國一戰便大敗，趙國差點因此亡國，而趙括也命送沙場。

二是「一生唯謹慎」的諸葛亮，同樣犯了「以言取人」的毛病，用非常會說話的馬謖當大將，結果失去了重要戰略點街亭，最後只好以軍法「揮淚斬馬謖」，悔不當初。

歷久彌新說名句

許多學者認為「君子不以言舉人，不以人廢言」，是孔子主張思想自由的篇章。然而，荒謬的是，小說家金庸的先祖查嗣庭在擔任主考官時，便曾因以「君子不以言舉人，不以人廢言」為試題，而遭受文字獄之災。

金庸考據出來的說法有好幾種。其一是清雍正年間，查嗣庭寫了一本書《維止錄》，也有可能是查嗣庭被派去做江西省正考官，出了試題「維民所止」，有一名太監向雍正說「維止」兩字是去「雍正」兩字之頭，因此查嗣庭被雍正皇帝關進牢裡。

其二是，查嗣庭在江西出了四道試題，第一題便是「君子不以言舉人，不以人廢言」，第三題是《孟子．盡心》中的「山徑之蹊間，介然用之而成路，為間不用，則茅塞之矣。今茅塞子之心矣」。當時，清朝政府正在實行保舉制度，朝廷認為他出這兩道題是有意毀謗，批評朝廷「以言舉人」，因此將他判刑。

也有學者認為，《論語》此章是要我們依據客觀事實去看待人、事、物，不該受片面之詞所左右，妄下判斷。與「不以人廢言」意義接近的詞語還有「不以言廢事」、「對事不對人」，也可與孔子所說的「巧言令色，鮮矣仁」、「剛毅木訥，近仁」兩段話相參照。

另外，有人提出「不以人廢言」的態度更須落實於教育，尤其是爸媽、老師應該傾聽小朋友的話。因為鼓勵探索的文化，是允許犯錯的文化，如此才能「大開言路」，讓孩童不擔心說錯話而被恥笑，並從錯誤中學習。

君子有三戒

名句的誕生

孔子曰：「君子有三戒[1]：少之時，血氣[2]未定，戒之在色[3]；及其壯也，血氣方剛，戒之在鬥[4]；及其老也，血氣既衰，戒之在得[5]。」

〈季氏·七〉

完全讀懂名句

1. 戒：警惕戒備。
2. 血氣：意志體氣。
3. 色：女色。
4. 鬥：鬥毆。
5. 得：貪得。

孔子說：「君子有三件事需要警惕戒備：年少時，血氣還沒有穩定，要警惕貪戀女色；到了壯年，血氣方剛，要警惕爭強好鬥；到了老年，血氣已經衰竭，要警惕貪得無厭。」

名句的故事

這則君子三戒，是孔子以人生經驗歸結出來的三大守則。在今日看來，不只是要修養成君子的人需要警戒，一般的養生之道也應該遵守。

孔子對人的生理、心理真是有相當細微的觀察！少年時期，身心都處於發育生長階段，加上青春期賀爾蒙改變的影響，許多年輕人對「性」充滿了好奇和幻想，這時候最需要以理智來瞭解並掌握自己的身心，過早的親密關係或婚姻，對生涯影響甚巨！

到了壯年的時候，由於精力旺盛，容易好勇鬥狠，而做出悔恨終生的事情，因此「戒之在鬥」。相傳清代林則徐個性很強、脾氣很大，他深知自己的弱點，所以就寫了「止怒」兩個字掛在牆上，時時警惕自己。

及至老年，也許是已至遲暮，所以想抓住一些什麼來成就此生，於是有人貪戀權位，有人遍尋長生不老之道，這都是貪得的毛病，「晚節不保」便是肇因於此。孔子對於人性的觀察及描寫，可說是入木三分。

歷久彌新說名句

年輕人對於「性」的好奇古今皆然，唐代詩人白居易在〈琵琶行〉中有詩句：「五陵少年爭纏頭，一曲紅綃不知數。」李白的〈少年行〉描寫：「五陵年少金市東，銀鞍白馬度春風。」但是青少年若太放任自己的身體，一是心理年齡尚未準備妥切，無法面對隨之而來的責任；二是沉溺於情色，辜負了年少最珍貴的時光，所以孔子說要「戒之在色」。

《水滸傳》裡梁山一百零八條好漢大多處於壯年，這時身體已臻成熟，但卻容易爭強。現今在街頭常見一個小小的交通意外，車主雙方便當街叫罵起來，甚至大打出手，偶還有釀成慘劇者。這都是好勇鬥狠的結果，所以孔子告誡，這段時期要「戒之在鬥」。

「貪」是老人家容易犯的毛病，《紅樓夢》甄士隱注釋的〈好了歌〉中有一句：「因嫌紗帽小，致使鎖枷扛。」意思是因貪求更多，而汲汲鑽營，所以犯法。在老年階段，應該要思考如何完美退場，才是真正的人生哲學。

有人說孔子不但是教育家、政治家、思想家，而且還是養生學家。在當時的條件下，一般人的平均壽命可能還不到五十歲，但孔子卻能享年七十三歲，就是因為他深諳養生哲學。其實，不管是戒色、戒鬥、戒得，都是一生的功課，唯有能掌握自己的人，可保持心境平和愉悅，而這就是最佳養生之道。

鄉原，德之賊也

名句的誕生

子曰：「鄉原[1]，德之賊也。」

〈陽貨・十三〉

完全讀懂名句

1. 鄉原：鄉里謹厚之人，貌似君子而實偽善者。原，同「愿」，讀作ㄩㄢˋ，yuan，形容忠厚謹慎的樣子。

孔子說：「外表忠厚而內心巧詐的偽君子，真是戕害道德的敗類啊！」

名句的故事

孔子對「鄉愿」曾有進一步具體的說明。有一次子貢問孔子：「鄉人皆好之，何如？」曰：「未可也。」「鄉人皆惡之，何如？」孔子曰：「未可也。不如鄉人之善者善之，其不善者惡之。」（〈子路・二十四〉）。孔子認為，不能光靠局部人的讚譽或毀謗來斷定一個人的善惡，他以為「好人喜歡，惡人憎惡」的人才是第一等人。在〈衛靈公・二十七〉中也傳遞進一步的想法：「眾惡之，必察焉；眾好之，必察焉。」也就是說大家都厭惡或喜歡的人事，情況不一定就真是如此，應要查明清楚才能下判斷，不可人云亦云。

而那種人人都誇讚的人，孔子叫他「鄉愿」。在《孟子・盡心下》中提到，孔子曾感慨地說：「過我門而不入我室，我不憾焉者，其惟鄉原乎！鄉原，德之賊也。」弟子萬章就問孟子：「什麼樣的人是鄉愿呢？」孟子進一步闡述鄉愿的定義，他回答：「這些鄉愿不願落落寡合於世，認為人既然生在世上，就要作這世上的（俗）人，只要別人說聲好就可以了。」最後孟子作結論，「鄉愿」就是那些做事遮遮掩掩，專想討好世人的人。（「閹然媚於世也者，是鄉原也。」）

歷久彌新說名句

「鄉愿」翻成白話就是「濫好人」，這種人標榜凡事該以「大局」著想，不僅自己避免和人衝突，也不允許他人意見相左；不僅自己奉行「明哲保身」的混世方法，當他人受委屈時，也要求別人要有「吃虧就是占便宜」的雅量。動不動就祭出「有容乃大」、「識時務者為俊傑」等法寶自欺欺人，說穿了不過是「牆頭草，風吹兩面倒」。

但令人氣餒的是，你還真挑不出鄉愿的缺點呢！孟子就曾找不出鄉愿的毛病而氣急敗壞地說：「要非議他的不是，卻舉不出實例；要攻擊他的毛病，他卻沒有明顯的毛病；他與世俗同流合污。他的居心好像忠信，行為好像廉潔，以致人人都喜歡他，他也自以為是。但卻不能進入堯舜的境界，所以說他是道德的盜賊。」（「非之無舉也，刺之無刺也；同乎流俗，合乎汙世；居之似忠信，行之似廉潔；眾皆悅之，自以為是，而不可與入堯舜之道，故曰德之賊也。」《孟子・盡心下》）

孔子對於敗壞道德的「鄉愿」可說是深惡痛絕，他把這種人比成「似是而非」的「雜草」，他說：「惡似而非者：惡莠，恐其亂苗也；惡佞，恐其亂義也；……惡鄉原，恐其亂德也。」（《孟子・盡心下》）

「鄉愿」不問是非，只會使出「和稀泥」手段，換取「委屈的完滿」、「讓步的妥協」。他的成全美名自然遠播，但在美名之下，不知多少公理正義、道德勇氣都蕩然無存了。所以，那些不問對錯，只是一味大唱「君子有成人之美」高論的人，也都屬於「德之賊也」。

道聽而塗說，德之棄也

名句的誕生

子曰：「道聽而塗[1]說，德之棄[2]也。」

〈陽貨・十四〉

完全讀懂名句

1. 塗：「道」和「塗」一樣都是道路的意思。
2. 棄：背棄，背離。

孔子說：「聽到傳聞就到處散布，正是背離修養德性的行為。」

名句的故事

「道」與「塗」兩字，都是路途、道路的意思。「道聽而塗說」指在路上聽到了某些傳聞，馬上又在途中說給別人聽，，孔子認為「傳播馬路新聞」相當不可取。

宋朝名相王安石認為說話要有德行，君子在開口之前就思考過，這句話是否偏離了道德，而道聽塗說就是沒有德行的行為。

因「道聽而塗說」受害的，包括孔子的弟子曾參。在曾參的故鄉費邑，有一個人與曾參同名同姓。一天並非孔子弟子的那位曾參在外鄉殺了人，而好事不出門，壞事傳千里，「曾參殺人」的風聲在費邑傳得沸沸揚揚，鄰人屢屢跑來跟曾參的母親報信，前兩次曾母都不相信，非常鎮定地繼續織布，到了第三次，曾母也驚慌失措地奪門而出。

因為道聽塗說多是捕風捉影，然後再加油添醋，即便像曾參以德行著稱的君子，且曾母也非常相信自己的兒子，但在眾口鑠金、以訛傳訛的情況下，也讓曾母不得不開始懷疑曾參是否真的殺人了。

歷久彌新說名句

「道聽而塗說」換成現在的流行語就是「八卦新聞」、「街談巷議」，有不少人以傳播馬路新聞為職志，說完張家說李家，一些知名人物甚且將談論自己的流言蜚語，視為身價的象徵。

不過，大部分人在散播八卦、逞一時口舌之快時，大概都沒有想過這類謠言可以奪人性命！一代紅伶阮玲玉便是因為承受不了外界謠言的壓力而自殺。三〇年代，阮玲玉可是紅遍全中國的巨星，在大銀幕中扮演過各種角色，但由於外界攻擊她的婚姻與電影，二十五歲的她在留下了「人言可畏」的遺書後服毒自殺，香消玉殞。

近代最懂得利用謠言來打擊對手的，莫過於毛澤東，他曾說過：「謊話說一百遍之後就成了事實。」這句話可說是深諳心理戰的精髓。

然而在這個八卦謠言滿天飛的時代，「謠言止於智者」的原則依然不會改變，不聽、不信、不傳謠言，就是現代聰明人需要修習的課題。

三國時代魏國司空王昶的家訓中有這麼一句：「救寒莫如重裘，止謗莫如自修。」王昶訓示子姪後輩，解決寒冷的方法很簡單，那就是多穿件大衣；而要阻絕他人說自己壞話的方法也不難，就是加強自身的修養。

此外，清朝康熙皇帝曾禁止御史大夫「風聞奏事」，便是不希望風聞對無罪的人帶來負面影響，也避免憑著馬路新聞來處理國家大事。沒想到兩百年後的今天所謂「聽說文化」居然大行其道，尤其在國會殿堂與call in節目中，政治人物與記者總愛說「我聽我的朋友說」、「聽說某某人如何如何」，但實際上不過是道聽塗說，拿不出真憑實據，反而製造許多不必要的口舌是非。

望之儼然，即之也溫

名句的誕生

子夏曰：「君子有三變：望之儼然[1]，即之也溫[2]，聽其言也厲[3]。」

〈子張・九〉

完全讀懂名句

1. 儼然：莊重嚴肅的樣子。
2. 溫：溫和，和藹可親。
3. 厲：嚴厲，一絲不苟。

子夏說：「君子的容貌儀態給人三種不同的觀感：遠遠看他，頗為莊重嚴肅；然而就近接觸時，感覺相當和藹可親；再聽他說話，言詞嚴正，一絲不苟。」

名句的故事

宋朝理學家程頤認為子夏所說的君子，就是他的老師孔子，而一般人無法集「儼然」、「溫」、「厲」三者於一身，如果是看似「儼然」，就無法兼顧「溫」；如果看似「溫」，也就無法兼顧「厲」，唯獨孔子能三者兼具。

學者謝顯道解釋君子並非要「三變」，而是「儼然」、「溫」與「厲」可並行不悖，就像一塊玉能從不同角度看到色澤的變化。

也有學者認為子夏說的君子不是孔子，而是擁有權位者。強調君子有三變，是因為子夏心目中的君子有權術、有心計，不再是孔子所倡導「溫文爾雅」、「坦蕩蕩」的儒生，這已經顯現出法家善用智術謀略的精神。

不過，也有可能子夏與孔子其他弟子所認為

的「君子之道」有所不同，連子夏的再傳弟子荀子也認為子夏城府深沉，「正其衣冠，齊其顏色，儼然而終日不言」，形容子夏每天都穿得很整齊，神情嚴肅而沉默寡言，看起來非常有威嚴。

子夏注重理論的實際應用，之後著名的政治家、軍事家如李悝、吳起、商鞅、荀子、李斯、韓非，都是子夏的學生與再傳弟子。

歷久彌新說名句

許多知名學者的晚輩或學生，常運用子夏形容孔子的名句來歌頌師長，如哲學家方東美的學生便以這「望之儼然，即之也溫，聽其言也厲」來回憶他，藉以描述老師有溫和也有嚴厲的一面，讓人又愛又怕又尊敬。

因為《論語》說君子有三變，後世不少讀書人便以「三變」為其字號，最著名的應該是宋朝詞人柳永，自稱柳三變。因為有人向宋仁宗推薦他當官，宋仁宗回答「且去填詞」，從此他便以「奉旨填詞柳三變」名號行走。

還有不少讀書人以「望之儼然，即之也溫，聽其言也厲」自況，魯迅的「橫眉冷對千夫指，俯首甘為孺子牛」，被視為其心靈寫照，現常用來形容一個人在外要面對各種不如意的事，但是回家就是慈祥的好爸媽。

這兩句原出自魯迅的〈自嘲〉，原詩全文為：「運交華蓋欲何求，未敢翻身已碰頭。破帽遮顏過鬧市，漏船載酒泛中流。橫眉冷對千夫指，俯首甘為孺子牛。躲進小樓成一統，管他冬夏與春秋。」

若用口語的白話，就是：「交了倒楣運，不敢有所奢求；躺在床上不敢翻身，卻還撞個滿頭包；用破帽子遮住臉上大街，我感覺自己就像是載著酒行至河中心的漏船，隨時可能會被江水吞沒。然而，在外我冷眼橫眉面對眾人指責，在家甘心讓小孩當牛騎，躲在屋裡的小世界，外面發生什麼事，我都不想管。」

「即之也溫，聽其言也厲」應當是「外柔內剛」，絕對不是「外厲內荏」，後者外表堅強但內心怯懦，兩者不能混為一談。

不學詩，無以言

名句的誕生

陳亢[1]問於伯魚[2]曰：「子亦有異聞[3]乎？」對曰：「未也。嘗獨立[4]，鯉趨[5]而過庭。曰：『學詩乎？』對曰：『未也。』『不學詩，無以言。』鯉退而學詩。他日又獨立，鯉趨而過庭。曰：『學禮乎？』對曰：『未也。』『不學禮，無以立。』鯉退而學禮。聞斯二者。」陳亢退而喜曰：「問一得三，聞詩，聞禮，又聞君子之遠[6]其子也。」

〈季氏．十三〉

完全讀懂名句

1. 陳亢：字子禽，孔子弟子。
2. 伯魚：孔鯉，孔子的兒子。
3. 異聞：特別的教誨。
4. 獨立：指一個人站著，左右無人。
5. 趨：疾走。
6. 遠：讀作ㄩㄢˋ，yuàn，沒有偏私。

陳亢問伯魚說：「你有沒有聽到你父親特別的教誨呢？」伯魚答說：「沒有特別的。有一天，父親獨自站在廳堂，我很快地走過庭院。父親就問我：『你學《詩經》了嗎？』我說：『還沒有。』父親就說：『不學詩，怎麼能與人交往談話呢？』我就退下去讀《詩經》。隔了一陣子父親又一個人站在廳堂，我很快地穿過庭院。父親又問：『你學《禮記》了嗎？』我回答：『沒有。』父親就說：『不學《禮記》，怎麼在社會上立身處世呢？』我就退下去讀《禮記》。我所聽到的教誨，就只有這些。」陳亢回去後很高興地說：「問一件事卻得到三件道理：知道學詩的道理，又知道學禮的道理，還知道君子對自己的小孩也沒有特別偏私。」

名句的故事

《史記．孔子世家》記載，孔子十九歲娶妻，隔一年便生下他的獨子，當時在位的魯昭公「使人遺之鯉魚」，「遺」的意思是贈送，也就是魯昭公派人送一條鯉魚給孔子祝賀，孔子因此將孩子取名為鯉，字伯魚。遺憾的是，孔鯉年五十歲時，便早孔子一步離開人世。本文的這段話，是孔子對伯魚的教誨，孔子認為學習《詩經》與《禮記》，方能與人交往並懂得立身處世之道。

陳亢是孔子的弟子，他以為孔子會偏愛自己的小孩，因此問伯魚有沒有受到孔子特別的教誨。伯魚回答說沒有特別的，然後陳述他與父親孔子之間的日常對話。孔子先告訴伯魚：「不學詩，無以言。」為什麼讀通《詩經》就可以與人交往談話呢？因為「事理通達，而心氣和平，故能言」（朱熹《論語集注》）。《詩經》記載許多人文、民俗、慶典、宗教、自然等等事物，學習之後，自然能夠明白事理，心平氣和地與人交往、談論事情。孔子又一次告訴伯魚：「不學禮，無以立。」為什麼學《禮記》可以懂得立身處世之道呢？因為「品節詳明，而德性堅定，故能立」（朱熹《論語集注》）。《禮記》記載著各種禮節的道理與儀式規矩，瞭解透徹後，對人的品德會產生潛移默化的作用，自然處世穩重。

伯魚所說的傳達了孔子對於基礎學問養成的重視。顯然陳亢之前曾懷疑孔子對自己的孩子保留一手，教另一套，沒想到聽完這番話，不僅要感到慚愧，並立即掃除心中疑慮，還非常高興得到三個意外的收穫：「聞詩，聞禮，又聞君子之遠其子也。」

歷久彌新說名句

春秋戰國時代貴族、士人的精神生活是很豐富的，舉凡吟詩、唱歌、聽樂、跳舞，從日常生活，到君臣相處、外交往來、宗廟祭祀，都可以看到。《墨子．公孟》便記載有：「儒者誦詩三百，弦詩三百，歌詩三百，舞詩三百。」原來讀書人對於《詩經》三百首，能夠背誦出來、能夠用樂器彈奏出來、會以歌唱形式表達出來，還能夠用舞蹈來表現。孔子更是將詩經融入在教學中，《史記．孔子世家》記載：「三百五篇，孔子皆弦歌之，以求合韶、武、雅、頌之音。」便是說明孔子運用《詩經》來作曲吟唱了！

這段「不學詩，無以言；不學禮，無以立」的故事不僅被後世傳頌，根據文獻《孔府檔案》記載，孔子的後裔便自稱「詩禮世家」。在第五十三代衍聖公孔治時，建造詩禮堂，堂前種有銀杏樹兩株，蒼勁挺拔，果實碩大豐滿。而後世皇帝為推崇孔子的教育地位，授與孔門後裔勳爵，後來還有孔府宴的產生，是孔府接待貴賓、襲爵上任、祭日、生辰、婚喪時特備的高級宴席。其中有一道菜餚稱為「詩禮銀杏」，這道菜的基本材料是：白果、白糖、蜂蜜、豬油。首先將白果剝殼處理、泡鹼水去皮，入滾水鍋去苦味，再將之煮爛取出備用。接著，起油鍋，用豬油加白糖翻炒至變色後，加水、蜂蜜調成糖汁，再放入白果熬煮至濃稠，起鍋前可再淋上白豬油，然後盛入盤中即可。這道「詩禮銀杏」據說非常鮮甜入味，就是由這句佳言的典故與銀杏樹的結合而來。

論語100

君子成人之美

——待人接物

犬馬，皆能有養；不敬，何以別乎

名句的誕生

子游問孝，子曰：「今之孝者，是謂能養[1]。至於犬馬，皆能有養[2]；不敬，何以別[3]乎？」

〈為政．七〉

完全讀懂名句

1. 養：指晚輩供養長輩。
2. 至於犬馬，皆能有養：有兩種解釋，一是指「犬守禦，馬代勞」，都能侍奉人；二是指犬馬也有人養著。
3. 別：區別，分別。

子游問：「怎麼樣才算是孝道？」孔子說：「現在所謂的孝，只要能奉養父母就稱為孝。然而，就算是狗跟馬，一樣有人養著，如果對父母沒有一片敬意，兩者又有什麼分別呢？」

名句的故事

對於孔子這番有關孝的見解，同樣由寡母撫養長大的孟子深有所感，孟子曾說：「食而弗愛，豕交之也。愛而不敬，獸畜之也。」（《孟子．盡心上》）即子女如果只是奉養飲食卻沒有敬愛，就跟養畜生沒有兩樣，是「犬馬之養」而非「人子之養」。

孔子重視孝道，並認為敬愛重於物質。孔子三歲時，父親就撒手人寰，十七歲時，含辛茹苦養育他的母親病死，孔子雖事母至孝，但總懷有無限遺憾。從今天的角度來看，孔子與孟子都是單親家庭的小孩，對於獨立撫養他們的母親特別孝順。孔子好禮，孟子好學，都是受到母親的薰陶，終身奉行母親的教誨，並光大之。

有人認為此章發問者子游對父母可能只有犬馬之養，而缺乏敬意。南宋儒者胡寅認為孔子只是提醒而已，他說因為父母愛護兒女，兒女們常常「恃寵而驕」，甚至「騎到爸媽頭上去了」，不過子游應該不至於如此。

宋代大儒朱熹也認為養而不敬，可稱為罪。他說犬馬等人餵養食物，如果養親卻沒有敬意，算是犯了罪。證嚴法師認為所謂的「孝順」，要「孝」也要能「順」。早年社會中，子女服從父母，在言行上充分表現「順」，現在子女往往只著重物質的奉養而不顧慮父母的感受，沒有「順」，也算不上「孝」。

歷久彌新說名句

孔子這句話於後世衍生出許多相關成語。「犬馬之養」為子女謙稱供養父母；「犬馬之勞」為下屬謙稱對上司、團體的貢獻；「犬馬之決」指臣僚的果敢決斷；「犬馬之疾」是謙稱自己的疾病；「犬馬之報」為謙稱對他人的真誠報答。在這些成語中，犬馬都是有「犬守禦，馬代勞」的意思。

在馴化的動物中，狗和馬的溫和忠誠是有名的。馬能奮力拉車，狗能看門打獵，因此在下位者常把自己比喻為犬馬。三國的劉備在白帝城託孤給孔明時，孔明便有「效犬馬之勞」之稱，以表達效忠效勞的心意。

過去，東方社會「積穀防飢、養兒防老」的觀念根深柢固，但是現代社會中，大多數人恐怕只能自求多福，期待老年時，兒女都能自立，不需繼續操煩。不過，也有人開玩笑地將飼養寵物稱做「犬馬之養」，尤其是在寵物店或是網路的寵物主聊天室中，他們對待寵物有如家人，像寶貝一般地呵護、「視如己出」，那可是充滿真心愛意的「犬馬之養」呢！

有事弟子服其勞

名句的誕生

子夏問孝。子曰：「色難[1]。有事弟子服[2]其勞，有酒食先生饌[3]，曾[4]是以為孝乎？」

〈為政・八〉

完全讀懂名句

1. 色難：有兩種解釋，一是指兒女難以從父母的臉色，得知父母的心思，二是侍奉父母，以能和顏悅色為最困難的事。
2. 服：操執之意。
3. 先生饌：先生，指父兄或長者。饌，飲食也。
4. 曾：乃，就。

子夏問孝道。孔子說：「子女保持和顏悅色事親，這是最困難的。如果有事情要處理，由年輕人操勞，有酒菜飯食，請年長的人先享用，這樣就可以算是孝嗎？」

名句的故事

小戴《禮記・祭義》篇有段話，呼應著此章關於孝的說法，「孝子之有深愛者，必有和氣。有和氣者，必有愉色。有愉色者，必有婉容。」意思是說，孝順父母必定出自自己的真心，所以一定是態度和氣、神情愉快，不可能板著一張臭臉孝順父母的。

朱熹解釋孔子這段話，指出事親之際，唯色為難，只有服勞奉養未足以為孝。錢穆認為色難即是心難，因為人的面色，是內心的真情流露，想裝也裝不了。

《論語》的〈為政〉篇中共有四章問孝，孔

子的回答各自不同，後世學者也有不同的見解。程頤的看法是，發問者皆可能孝道有虧，孔子針對各人的缺失因材施教。孔子對孟懿子說明「無違」、「生，事之以禮；死，葬之以禮，祭之以禮」，其實是告訴眾人同樣的道理。他對孟武伯說的「父母唯其疾之憂」，應該是孟武伯常常生病，讓父母擔心害怕。而子游可能奉養父母失於尊敬，孔子才會說：「今之孝者，是謂能養。至於犬馬，皆能有養，不敬，何以別乎？」而子夏奉養父母，但臉色不夠溫和，於是孔子才說：「色難。有事弟子服其勞，有酒食先生饌，曾是以為孝乎？」

歷久彌新說名句

問孝於孔子的子游、子夏是孔子學生中以文學著稱的，但所謂文學並非僅是「咬文嚼字」與「起承轉合」，子夏與子游都把孝順父母當學問看待，也許才會失於尊敬或臉色僵硬。

「色難」不只指「和顏悅色」侍奉父母，也要懂得對父母「察言觀色」。《孔子家語》記載，有一回曾子不小心弄斷了父親曾皙從吳國覓來的瓜種，曾皙氣得用鋤柄將曾子打昏了。曾子醒來後問父親是否消氣，還彈琴給父親聽，表示自己沒事。孔子後來對曾子說：「小杖受，大杖逃。」如果發現父母氣過頭，還讓父母將自己打傷，其實也是不孝。

在現代社會家居生活裡，「有事弟子服其勞」可以解釋為兒女應分攤家事，不要讓父母太過勞累。「有酒食先生饌」也不一定指父母要先吃，而是等父母一起開動，不要自己先吃，卻讓父母吃剩菜剩飯。對父母而言，這些可能不是最重要的，重要的是子女的心意。

另外，此段話中的「色難」，曾被認為是最難對仗的上聯。有人說明成祖朱棣以此考解縉，有人說乾隆皇帝曾要紀曉嵐對下聯，兩人皆對之「容易」，一開始皇帝有點生氣，後來才莞爾一笑，這也被認為是絕妙之對。

視其所以，觀其所由，察其所安

名句的誕生

子曰：「視其所以[1]，觀其所由[2]，察其所安[3]。人焉[4]廋[5]哉？人焉廋哉？」

〈為政・十〉

完全讀懂名句

1. 所以：所做的事。
2. 所由：做這件事的方法。
3. 安：心之所安。
4. 焉：怎麼。
5. 廋：讀作ㄙㄡ，sōu，隱藏。

從大體看他所做的事，從小處看他做這件事的方法，從心理上看他情之所安。這個人的為人怎麼還能隱藏得住呢？

名句的故事

老子說：「知人者智，自知者明。」因為「人心隔肚皮」，所以我們往往無法瞭解他人。但是「知人」卻又是如此重要的事，交朋友要選擇，公事上要知人善任，找另一半也要睜大眼睛瞧。其實早在兩千多年前，孔子就建議我們一套實用的「識人學」，方法就是「視其所以，觀其所由，察其所安」。「視」、「觀」、「察」三個字在今日都可以解釋為「看」的意思，但在古代，可是大有學問的唷！

《說文》：「視，瞻也。」《穀梁傳・隱公五年》：「常事曰視，非常曰觀。」一般的看稱為「視」，要用心去瞭解的稱為「觀」。在《爾雅・釋詁》還提到：「察，審也。」這說明了，更細緻地去明辨叫做「察」。

孔子的這套識人學並非由他自創，而是出自《大戴禮．文王官人》：「考其所為，觀其所由，察其所安。」若能遵循這三個步驟：先看一個人的行為如何；再看他做事的方法、態度；最後看他的居心所在，如此，一定可以相當程度地瞭解這個人。

歷久彌新說名句

關於識人，古往今來的聖賢哲人提出過許多理論。孟子說：「存乎人者莫良於眸子。眸子不能掩其惡。胸中正，則眸子瞭焉；胸中不正，則眸子眊焉。」這裡強調的就是所謂「觀其眸子」。眼睛是靈魂之窗，往往會不由自主透露出內心的情感，所以有人說：「嬰兒的眼睛是清澈的，青年人的眼睛是熱烈的，中年人的眼睛是嚴峻的，老年人的眼睛是睿智的。」美國著名作家傑克．倫敦在作品《一塊牛排》中曾以眼神為主題，出色地描述過這樣一個人：「他簡直像個野獸，而最像野獸的部分就是他那雙眼睛。這雙眼睛看上去昏昏欲睡，跟獅子的一樣——那是一雙準備戰鬥的眼睛。」

除此之外，三國蜀相諸葛亮根據前人的經驗和自己的實踐，更精細地歸納出識別人才的七種方法，他說：「知人之道有七焉：一曰間之以是非而觀其志；二曰窮之以辭辯而觀其變；三曰諮之以計謀而觀其識；四曰告之以禍難而觀其勇；五曰醉之以酒而觀其性；六曰臨之以利而觀其廉；七曰期之以事而觀其信。」意思是說：識別一個人是否為人才，可以在大是大非前看他的志向，在山窮水盡時看他的變通，在各種辦法前看他的抉擇，在禍難臨頭時看他的勇氣，在酩酊大醉中看他的本性，在物欲誘惑下看他的清廉，在分配任務後看他的信用。

也有人說要在牌桌上選女婿，因為從輸贏之間的臉色中，可以判斷一個人的品性與修養。

看來，孔子的「視其所以，觀其所由，察其所安」，還真是最簡單明瞭的識人辦法呢！

是可忍也，孰不可忍也

名句的誕生

孔子謂季氏[1]：「八佾[2]舞於庭，是可忍[3]也，孰不可忍也？」

〈八佾・一〉

完全讀懂名句

1. 季氏：春秋魯國大夫季孫氏。
2. 八佾：佾，ㄧˋ，yì，行列的意思。古代舞以八人為列，天子八佾，六十四人，諸侯六佾，大夫四佾，士二佾。季孫氏在家廟的庭院中作八佾之舞，則是以大夫僭用天子之禮。
3. 忍：容忍。

孔子評論魯國大夫季氏：「季氏在自己家廟的庭院，舉行了天子所專享八人八列的八佾之舞。如果這種僭禮之事都可以容忍，那麼還有什麼是不可容忍的呢？」

名句的故事

魯國自從宣公之後，政權便操在季孫、叔孫、孟孫三家大夫手上，史稱「魯國三桓」。魯昭公初年，三家瓜分魯君的兵權，三桓以季孫勢力最大，此章的季氏，指的是季平子。

季平子在家廟舉行了天子專用的八佾舞，此時孔子已從周朝首都洛邑學習周禮回來，對此種破壞禮制的行為提出嚴厲譴責，這件事也讓魯昭公相當難堪，但卻又無能為力。

古代以禮分貴賤，僭越之罪甚大。宋朝儒者范純夫認為無禮之後必定無父無君，因此孔子為政，先正禮樂。學者謝顯道也認為，如果可以忍受季平子如此囂張的行徑，他日後必定有恃無恐，恐怕連犯上弒君的事也敢做。

果不其然，之後魯國國君為首的貴族與季平子為首的三桓大動干戈，史稱「鬥雞事件」。原由是季平子與貴族昭伯比賽鬥雞，季平子的鬥雞輸了，他惱羞成怒，強占了昭伯的住宅。魯昭公介入仲裁，並趁機出兵攻占季平子府宅，不料其他兩桓派兵相助季平子，魯昭公大敗，逃亡齊國，魯國陷入了一片混亂。

歷久彌新說名句

在今天「是可忍也，孰不可忍也」常用來表示已經忍無可忍，再繼續忍下去就「顏面掃地」。所謂「士可殺不可辱」，《禮記・儒行》中便提到：「儒有可親而不可劫也，可近而不可迫也，可殺而不可辱也。」意思是讀書人可以與之友好，但不能強迫他；可以與之親近，但不可脅迫他；可以殺了他，但不能羞辱他。

宋朝是中國歷代知識分子地位最高的朝代，皇帝想殺讀書人都不能一意孤行。根據宋人侯延慶《退齋筆錄》記載，宋神宗想將一名犯了錯的轉運使（高級地方長官）處死，宰相蔡確反對，理由是「自從開國以來，朝廷沒殺過讀書人」，於是宋神宗想將這名轉運史發配邊疆充軍，門下侍郎章惇認為，「如果是這樣，還不如殺了他」，原因是「士可殺不可辱」。

不過，雖然世上有諸多「孰不可忍」的事，但是有時「小不忍則亂大謀」，最好的對策還是忍忍忍。

五代時的馮道，曾經當過好幾個朝代的宰相，他的修養功夫有「宰相肚裡能撐船」的風範。據說曾有人在街上牽著一匹驢子，用布寫著「馮道」二字，掛在驢子的身上，他路過看見了也不生氣。朋友問他為何不動怒，他答道：「天下同姓名的不知凡幾，不是每個馮道都是我，可能是這個人撿到一匹驢子，正在尋訪失主。」正因為有此忍耐的功夫，所以能夠屹立不搖於亂世的官場，被現代史家稱為專業政治經理人的第一人。

禮，與其奢也，寧儉

名句的誕生

林放[1]問禮之本。子曰：「大哉問！禮，與其奢[2]也，寧[3]儉；喪[4]，與其易[5]也，寧戚[6]。」

〈八佾・四〉

完全讀懂名句

1. 林放：魯國人。
2. 奢：奢侈，浪費。
3. 寧：寧願。
4. 喪：喪葬，喪禮。
5. 易：治理，此處指熟悉喪禮節文。
6. 戚：哀傷，難過。

林放向孔子請教禮的本意。孔子說：「問得好極了！關於一般的禮，與其過於奢侈浪費，寧可儉約素樸；關於喪禮，與其儀式上治辦周備，不如內心真正哀戚。」

名句的故事

春秋以後，周王室衰落，各諸侯國自行稱王，為展現自己的威勢，諸侯們都喜歡鋪張排場，或者大搞隆喪厚葬，形成一種社會風氣，甚至連老百姓也都傾家蕩產地辦喪葬。

本篇孔子聽到林放的發問，還大大稱讚了一番，認為真是問了個好問題。孔子認為，禮的根本在於內在，與其過於注重形式，進行奢侈浪費的儀式，還不如儉約素樸，以保持禮的本心。（「禮，與其奢也，寧儉。」）

同樣的，喪葬本質是在於悼念往生的人，因此，內心真誠的哀戚、弔祭，應該比形式上的奢華葬品、繁文縟節更為重要。（「喪，與其易也，寧戚。」）

魯國曾發生大夫季康子祭祀泰山的僭禮事件。依據周禮，只有天子與諸侯才有資格祭祀名山大川，季康子不過是魯國的大夫卻也跑來祭拜。孔子聽到消息很生氣，就把在季康子那裡當家臣的冉求叫來詢問：「你難道不能糾正此事嗎？」冉求無奈地搖搖頭。孔子十分失望地感嘆道：「難不成有人以為泰山之神還不及林放懂禮，會接受你們這不合規矩的祭祀嗎？」（子曰：「嗚呼！曾謂泰山不如林放乎？」〈八佾．六〉）

歷久彌新說名句

今日發掘出土的古代陵墓，有不少是春秋戰國時期隆喪厚葬的產物。然而，即使在當時奢華的社會風氣之下，依然有簡約樸實之人。

春秋時代齊國的宰相晏嬰就是這樣一位人物。《晏子春秋》記載齊景公看到晏嬰的房子低濕狹小又靠近市場，就對晏嬰說：「把你的房子換到乾爽且高一點的地方吧！」晏嬰辭謝道：「小人家裡靠市場近一點，容易打聽、買到比較便宜的東西。」

後來晏嬰出使在外，齊景公偷偷命人更新他的住宅。晏嬰回來後，新宅已經落成。然而，晏嬰拜謝完，居然將新宅給拆毀了，重新回復成原來的樣子。晏嬰每天上朝穿的是粗布衣服，乘坐的是老瘦的馬拉著的舊車，三餐食物，少有魚肉，不過求飽。齊景公三番兩次送他大車和駿馬，也都三番兩次碰了釘子。

齊景公心中不悅，便對晏嬰說：「你不接受車和馬，那我以後也不再乘坐了。」晏嬰說：「您讓我統轄全國官吏，我要求他們節衣縮食，行事節儉，成為人民的模範。即便如此，我都還擔心大家做不到。現在如果連我自己都出入大輅駿馬，如此一來，全國官吏豈不是要上行下效，最後奢侈成風，等到那時才去匡正就來不及了。」因為有晏子的以儉治國與以身作則，很快地齊國就步上富強之路。

父母在，不遠遊，遊必有方

名句的誕生

子曰：「父母在，不遠遊[1]，遊必有方[2]。」

〈里仁．十九〉

完全讀懂名句

1. 遠遊：出遠門。在古代，遊可指遊學或遊仕，皆須長期從事，另外也有遊歷與遊玩等意義。
2. 有方：方，去處，方向。有方，有一定的去處。

孔子說：「父母健在的時候，子女不出遠門；如果一定要出遠門，就必須有一定的去處。」

名句的故事

孔子事母至孝，也曾經遠遊諸國，所以此章當是有感而發。儒家著名經典《孝經》便是孔子與曾子相問答、明孝道以及孝治之義的書籍。孔子周遊列國時，妻子與兒子都留在魯國，而與他一起周遊列國的學生，也都有家人父母，孔子便曾派遣子路回家給家人與魯國子弟的父母報音訊，在他找尋實踐理想的國度時，也沒有忘記不要讓家人擔心。

遠古時代，人們「逐水草而居」，到了商代，才正式有「居民」的出現，開始有「安土重遷」的觀念。孔子批評過弟子「士而懷居，不足為士矣」（〈憲問．十四〉），也就是說，讀書人必須「讀萬卷書，行萬里路」，不相信「秀才不出門，能知天下事」，足見當時還是重視遊士遊居的時代，但若想兼顧家庭、事業，就要「遊必有方」。

宋代大儒朱熹認為，一旦遠遊必定離開父母，很難「晨昏定省」，所以不輕易遠遊，一是自己放心不下父母，也是不讓父母擔心。而所謂「遊必有方」，就是告訴父母往東邊，就不到西邊去，沒有增添不必要的擔心。

歷久彌新說名句

俗諺說：「兒行千里娘擔憂。」不管是在古代，或是在現代，父母擔憂兒女的心情永遠不變。也就是說，此章的前半段在農業時代適用，但是放在當代卻不合時宜，不過後半句不管古今在哪一個國家，都是普世通行的道理。

因為個人的志向、城鄉的差距，當今的父母要兒女不遠遊，已經不可能，但是子女讓爸媽與家人知道自己身處何方，卻比古代簡單太多。不管是郵政、電話、手機、電子信箱，都十分方便，可說「天涯若比鄰」，子女絕對可以做到「遊必有方」。

此段話也常被引申作為臨別贈語，希望離別者常保聯繫，例如台北市市長馬英九在歐晉德、白秀雄兩位副市長的告別記者會中，便希望他們能做到「團隊在，不遠遊，遊必有方，手機常開」，隨時可借重他們的長才。

另外，此名句也經常運用於提醒對絕不能失去聯繫，例如報社主管希望記者、醫院希望醫生、軍隊希望軍官即便休假，都必須確實做到「不遠遊，遊必有方」。

最近有一則廣告，年輕的母親不時呼喊：「你在哪裡？」玩著遊戲中的小孩則回應：「我在這裡！」每次，母親都能很快看到小孩子，這幾幕可說是「遊必有方」的最佳生活實踐。

犁牛之子，騂且角，雖欲勿用，山川其舍諸

名句的誕生

子謂仲弓[1]曰：「犁牛[2]之子，騂且角[3]，雖欲勿用，山川[4]其舍[5]諸？」

〈雍也．四〉

完全讀懂名句

1. 仲弓：即冉雍，孔門中以德行著稱。
2. 犁牛：指毛色駁雜的牛，耕田的牛。
3. 騂且角：騂，讀作ㄒㄧㄥ，xīng，赤色，即紅色。角，角周全端正。表示適合祭祀。
4. 山川：指山川之神。
5. 舍：同「捨」。

孔子評論仲弓：「毛色駁雜的牛生的小牛，居然是純正的赤色而且頭角端正，即使有人不想用牠來祭祀，難道山川之神會捨棄牠嗎？」

名句的故事

冉雍字仲弓，為人器量寬宏，才氣不凡，因出身不好，常感到自卑。《史記．仲尼弟子列傳》中記載：「仲弓父，賤人。」因此孔子說：「犁牛之子，騂且角，雖欲勿用，山川其舍諸？」根據朱熹在《論語集注》中解釋，這句話是孔子對他人評論冉雍的反駁，由此可以看出孔子非常重視這位學生。

朱熹指出：「騂，赤色。周人尚赤，牲用騂。」古時周人崇尚赤色，連祭祀也用赤色的牲口，表示對神明的尊敬。「犁牛之子，騂且角」是說一隻只是耕田的牛，照樣可以生出純正赤色且頭角周正的小牛；言下之意，冉雍的

父親雖然不好，一樣可以生出像冉雍這樣有大器的兒子。何晏《論語集解》也解釋：「言父雖不善，不害於子之美也。」

孔子不只一次稱讚過冉雍，他還曾說：「雍也，可使南面。」（〈雍也．一〉）即是讚賞冉雍具備諸侯的才幹。當時有人批評冉雍口才不好，孔子也聲援：「焉用佞？禦人以口給，屢憎於人。不知其仁，焉用佞？」（〈公冶長．五〉）「佞」是巧言善辯之意。孔子說：「何必要有口才呢？靠口才來應付人，常常惹人討厭。沒有仁德，光有口才有什麼用呢？」

歷久彌新說名句

本章是用人不問出身的典範。孔子以德行來教導學生、衡量時人時政，認為德行是善政的基礎，這影響了中國歷代用人舉德的政策，漢代推行的選舉制度中便有「賢良方正」、「孝廉」等科。

三國時期群雄並起，孫權剛剛接掌東吳，江東情勢極需有才幹者協助，周瑜告訴孫權：「自古得人者昌，失人者亡。為今之計，須求高明遠見之人為輔，然後江東可定也。」（《三國演義》第二十九回）於是便向孫權推薦魯肅，孫權一見魯肅，「與之談論，終日不倦」，當晚兩人談到同榻而眠。魯肅果然不負期望，赤壁之役時，他建議聯合劉備抵禦曹操，助周瑜大敗曹軍，為孫吳奠下根基。

清代趙翼在《二十二史劄記》中便指出：「人才莫盛於三國，亦為三國之主，各能用人，故得眾力相扶，以成鼎足之勢。」趙翼認為，三國是人才濟濟的時代，這也是因為群雄的首領能夠善用人才的原故。

曾國藩擅於相人，官場知名。他的《冰鑑》一書，便從一個人最基本的條件看起，包括神骨、剛柔、容貌、聲音、氣色等。他並強調「為政之首要在於人」、「然制勝之道，實在人而不在器」、「德才兼備最好，否則寧取德而捨才」。曾國藩常常破格擢用人才，他提拔左宗棠、李鴻章，更是千古佳話。

斯人也而有斯疾也

名句的誕生

伯牛[1]有疾，子問[2]之。自牖[3]執其手，曰：「亡之，命[4]矣夫！斯人也而有斯疾也！斯人也而有斯疾也！」

〈雍也・八〉

完全讀懂名句

1. 伯牛：姓冉，名耕，字伯牛。
2. 問：探視。
3. 牖：音ㄧㄡˇ，yǒu，窗戶的意思，這裡是指南邊的窗戶。
4. 命：指天命。

伯牛身染重病，孔子前去慰問他。孔子從窗外握住伯牛的手，嘆息說：「如果無法復原，真是天命啊！這樣好的人，怎麼會生這種怪病！這樣好的人，怎麼會生這種怪病！」

名句的故事

冉伯牛原名禾兔，出身貧寒，在進入孔門受教之前，是個奴隸。幸得他躬逢孔子主張「有教無類」，「耕」這個名字便是孔子為他改的，並取字為「伯牛」。在孔子的薰陶與提拔下，冉伯牛依聖人標準修養品德，從奴隸階級翻身成為魯國的中都宰。

孔子周遊列國的十四年中，伯牛始終陪在身旁，當孔子結束遊歷、回到魯國後不久，冉伯牛居然得了「痲瘋病」，從此一病不起。

孔子知道伯牛染上了惡疾，某日與弟子們出門時，決定順路去探望他。因為疾病症狀的影響，冉伯牛自慚形穢，不肯與人接觸，孔子前來探望，也不肯開門讓孔子進入房裡。朱熹在《論語集注》中提到，根據《禮記》記載，生病的人應該躺臥在北邊的窗戶旁，如果有君主來探視，就必須把病床移到南邊的窗戶下，讓君主可以居南面看到自己。而「居南面」就是作大官的意思。

伯牛的家人便是用迎接君主的禮節來接待孔子，但是孔子不肯接受，因此從窗外握住伯牛的手，安慰他，並且嘆息說：「如果無法復原，真是天命啊！這樣好的人，怎麼會染上這種怪病！這樣好的人，怎麼會染上這種怪病！」後來伯牛成為繼顏回之後，比孔子先行離開人世的學生。

歷久彌新說名句

在《梁書．列傳》中記載，以《千字文》流傳於世的周興嗣，由於受到梁高祖的賞識與提拔，官運亨通。而正當周氏青雲直上之際，居然兩手先患風疽，同一年又染上癘疾，因而瞎了左眼，梁武帝便曾撫著他的手嘆道：「斯人也而有斯疾也！」

至於冉伯牛究竟是因何疾而死？對此《淮南子．精神訓》有一番說法：「冉伯牛為厲。」除此之外，《史記．刺客列傳》中也記載：「豫讓又漆身為厲……。」什麼是「厲」？《史記索隱》指出，癘就是癩病、惡瘡病。因為漆是有毒的，太常接觸會患瘡腫，很像得到癩病的樣子，所以戰國時一心為知伯復仇的豫讓故意用漆塗身，讓自己看起來像得了癩病，外貌變化到連他的妻子都認不出來。古人多以癘為癩病，也就是現代人說的痲瘋病。

根據文獻記載秦朝便設置有「癘人坊」，專門收容痲瘋病患者，屬於世界上最早的隔離措施。關於這個一直為世人所誤解的疾病，西元一八七三年挪威的物理學家漢森發現，它是由一種桿菌所引起，既不是透過遺傳也並非宿命所致。自二十世紀八〇年代起，由於聯合化療法的運用，不僅大幅提高痲瘋病治癒的可能性，也讓世人對此疾病有了積極性的認識。

四海之內，皆兄弟也

名句的誕生

司馬牛憂說：「人皆有兄弟，我獨亡[1]。」子夏曰：「商[2]聞[3]之矣：『死生有命，富貴在天。』君子敬而無失，與人恭而有禮，四海之內[4]，皆兄弟也。君子何患無兄弟也？」

〈顏淵・五〉

完全讀懂名句

1. 人皆有兄弟，我獨亡：亡，無的意思。司馬牛有兄弟，但在宋國為亂，司馬牛逃亡在外，擔憂兄弟為亂而將死。
2. 商：子夏的名。
3. 聞：聽說過。
4. 四海之內：指天下人。

司馬牛很憂愁地說：「人人都有兄弟，唯獨我沒有。」子夏說：「我曾經聽過老師說：『死生各有命運，富貴皆由天安排。』君子態度認真而沒有差錯，對人謙恭而往來合乎禮節，那麼天下所有人都可以稱兄道弟。君子又何必憂心沒有兄弟呢？」

名句的故事

根據《左傳》，司馬牛的家族在宋國是領有封地的世家。他的哥哥桓魋很得宋景公的信任與重用，然而桓魋不但不報答君上的恩情，反倒夥同幾個弟弟子頎、子車等一起謀反。後來叛亂失敗，司馬牛家族犯了滅族之罪，全部逃亡在外，此事發生在魯哀公十四年。

司馬牛在家族還未叛亂之前便先離開宋國，四處逃難、憂懼不已。他對兄弟的作為相當氣憤，認為這種兄弟「有不如無」，所以有〈顏淵〉第三、四、五章的三問。根據子夏勸解的語氣研判，當在事變發生之前。

朱熹解釋「死生有命，富貴在天」時，認為子夏說這些話是為了寬慰司馬牛，子夏說天命之於有生命的東西，不是我們能夠預測或改變的，只有接受，並在安於命之後不斷地修養自己的德行，所有人將愛你敬你，就像親兄弟一樣，自然會「四海之內，皆兄弟也」。

宋代經學家胡安國認為子夏「言不由衷」，因此語氣中有點「勉為其難」，孔子便沒有這種情況。後來子夏因為喪子過於悲痛，而哭到眼瞎，並不能實踐自己所說的這段話。

歷久彌新說名句

「四海之內，皆兄弟也」，不但是兩千多年來中國歷代英雄豪傑的信條，並被篆刻高懸於聯合國的總部正廳，選取這句話為宗旨，是此語最符合聯合國成立的精神，祈求人間和平、公共道德提升，締結「四海一家」的情誼，使地球成為一村。

在聯合國各項宣言中都見得到「四海之內，皆兄弟也」的詞句，例如〈兒童權利宣言〉第十條中有：「兒童應受到保護，使其不致沾染可能養成種族、宗教和任何其他方面歧視態度的習慣。應以諒解、寬容、各國人民友好、和平以及『四海之內皆兄弟』的精神教育兒童，使他們充分意識到自己的精力和才能應奉獻於為人類服務。」

此外，武俠小說家金庸曾以「我的武俠世界」為演講主題，形容他的武俠世界，「四海之內，皆兄弟也」一句話就可貫通，至於其他部分，是讀者自己的事，讀者把他的書讀完，不就清楚他在寫什麼了嗎！

「四海之內，皆兄弟也」，其意義可說是歷經千載而愈來愈深邃美麗，現在的網路世界更讓這句話成為真實，許多透過網路推動的國際援助，就是最好例證。

愛之欲其生，惡之欲其死

名句的誕生

子張問崇德[1]，辨惑。子曰：「主[2]忠信，徙義[3]，崇德也。愛之欲其生，惡之欲其死；既欲其生，又欲其死，是惑也。」

〈顏淵・十〉

完全讀懂名句

1. 崇德：尊崇品德。
2. 主：親近。
3. 徙義：趨於義。

子張問怎樣提高品德，辨別疑惑。孔子說：「親近忠信的人，讓自己趨近於道義，就是提高品德。喜歡一個人時，就希望他好好活著；厭惡一個人時，便希望他快快死去，既要他活著，又要他死去，這就是迷惑。」

名句的故事

「愛之欲其生，惡之欲其死」直指人性的矛盾，它出現在我們生活周遭，也在孔子的時代上演。

孔子在衛國三年，期間發生一樁駭人聽聞的大事——衛國太子蒯聵刺殺生母南子。南子是宋國公室女兒，嫁與衛靈公，因宋南於衛，因而名南子。南子生得極美，也很能幹，甚得衛靈公寵信。但南子一直念念不忘兒時青梅竹馬的戀人公子朝，以致鬱鬱寡歡。自宋國陪嫁來的婢女，便為南子解憂——既然南子返家省親與禮不合，請宋國家親來訪，當然可行。這家親就是公子朝，因為南子是獨身女，只有公子朝這門遠房表親。只是這一見面，就一發不可收拾，而衛靈公一直以為只是鄉親會面。然而東窗事發，南子與衛靈公之子蒯聵，經過朝歌的路上，聽到流傳不堪入耳之言，就要侍衛戲陽速刺殺南子和公子朝。後來形跡敗露，蒯聵逃到宋國避難。

本來親恩似海，南子和蒯聵從母子演變成仇敵，怎麼不是「愛之欲其生，惡之欲其死」呢！

歷久彌新說名句

張愛玲和胡蘭成，這對文壇鴛鴦曾有婚書一張：「胡蘭成與張愛玲簽訂終身，結為夫婦，願使歲月靜好，現世安穩。」才子佳人陷在愛情泥沼裡，那種「欲生欲死」的感受，全寫在胡蘭成的〈民國女子〉裡。

張愛玲這個民國世界的「臨水照花人」，在她筆下，〈傾城之戀〉裡的白流蘇和范柳原廝守，就能夠「改寫歷史」：「也許就因為要成全她，一個大都市傾覆了。成千上萬人死去，成千上萬人痛苦著，跟著是驚天動地的大革命……。」只是當她和胡蘭成走進愛情裡，歷史卻不能因他們也改寫。張愛玲說：「生得相親，死亦無恨。」很能作為這段感情的註腳。只是，時事更迭後，兩人的一切張愛玲絕口不提，不知是不是「愛之欲其生，惡之欲其死」。

愛與惡的界限有時就是這樣模糊不清。德國劇作家布萊希特（Brecht）在〈頌愛人〉中，實實在在地描寫出愛惡之間的矛盾：「當時她見我就生氣，但愛我仍堅定不移。」既愛又恨，人類的情感就是這麼回事。瑞典國寶級導演柏格曼（Bergman）所執導的影片中，男女永遠活在相互憎恨的婚姻生活裡。柏格曼最鍾愛的劇作家史特林堡（Strinberg）說：「還有什麼比一對男女相互憎惡來得更可怕呢？」看來，只要這個世界存在一天，「愛之欲其生，惡之欲其死」的劇碼就會繼續上演。

君子成人之美，不成人之惡

名句的誕生

子曰：「君子成[1]人之美[2]，不成人之惡。小人反是[3]。」

〈顏淵・十六〉

完全讀懂名句

1. 成：成全，成就。
2. 美：與惡相對，指善。
3. 反是：與此相反。

孔子說：「君子成全別人的善行，不幫助別人做壞事。小人恰恰與此相反。」

名句的故事

關於「君子成人之美，不成人之惡。小人反是」，朱熹解釋說，君子與小人的差異在於心地，君子喜歡行善，而小人不會鼓勵他人成就善事。針對孔子「成人之美」的說法，漢代劉向的《說苑・君道》中有段魯哀公與孔子的對話，可視為此章的延伸補充。

魯哀公曾問孔子：「我聽說君子不下棋，有這樣的事嗎？」孔子回答：「有這樣的事。」哀公又問：「為什麼他們不下棋呢？」孔子說：「因為下棋雙方都會互相爭勝。」魯哀公又問：「為什麼雙方互相爭勝就不下棋了呢？」孔子回答說：「因為爭勝就會走邪路。」

魯哀公聽了之後感慨地說：「如此看來，君子特別憎恨走邪路！」孔子回答：「惡惡道不能甚，則其好善道亦不能甚；好善道不能甚，則百姓之親之亦不能甚。」意思是，如果不特別憎恨走邪路，那麼就不會特別喜好走正路；

不特別喜好走正路，那麼百姓就不會特別親近他。魯哀公說：「我聽說君子總是成全別人的好事，而不促成別人做壞事。如果沒有先生您，我怎麼能聽到這樣的言談啊！」

歷久彌新說名句

「君子成人之美，不成人之惡。」孔子總是將美與善等同相提並論，而「小人反是」代表著「小人成人之惡，不成人之美」。韓愈的〈張中丞傳後序〉中有「小人好議論，不樂成人之美」，也是源出此章。

韓愈會寫〈張中丞傳後序〉，是與張籍在家中讀舊書時，讀到李翰所寫的《張巡傳》，知道作者因為世俗的責難，所以不敢為張巡、許遠立傳，韓愈因此撰文為他們辯駁。張巡、許遠是唐朝「安史之亂」死守睢陽的官員，最後彈盡糧絕，壯烈犧牲。韓愈在文章中批評唐朝官員多是「小人」，只會誇誇而談，不願意幫助真正為國家奉獻的人。

美原本的意思是大羊，從美味之義漸漸轉為美善，所以袁枚將「君子成人之美」的「美」理解為美味。他在《隨園食單》裡寫道，每一種食物都有獨特的味道，不可相提並論，而所謂「君子成人之美」，就是君子喜歡品嚐食物真正的美味。當然，這只是有趣的「別解」。

「君子成人之美」後來常引用於成全別人的愛情，尤其是三角戀愛，退出者成全另外兩人，被認為是一個人尤其是男子漢高尚情懷的表現。著名的哲學家、邏輯學家及教育家金岳霖，就曾與好友梁思成同時愛上才女林徽因，林徽因也告訴梁思成：「我苦惱極了，因為我同時愛上了兩個人，不知道怎麼辦才好？」

最後，金岳霖認為梁思成比自己更愛林徽因，而他不能傷害一個真正愛她的人，因此退出了這段三角關係，終生未娶。這「君子成人之美」的坦蕩情操，讓三人依舊維持好友關係，在學問上相互砥礪，金岳霖對待梁、林的兒女如己出，小倆口吵架時，還會找他當調解人呢！

忠告而善道之，不可則止

名句的誕生

子貢問友[1]。子曰：「忠告[2]而善道[3]之，不可則止，無自辱[4]焉。」

〈顏淵・二十三〉

完全讀懂名句

1. 友：指交友之道。
2. 忠告：勸告朋友何謂是非對錯。
3. 道：同「導」，開導。善道，以善勸導。
4. 自辱：自己招致侮辱上身。

子貢問孔子交友之道。孔子回答說：「朋友如有不對的地方，應該誠心地給予忠告，委婉地開導他；如果朋友不能聽從，就要停止勸告，不要自取其辱。」

名句的故事

子貢在孔子眾多弟子中算是人緣很好的，即使如此，他仍有一些缺點。《史記・仲尼弟子列傳》記載，子貢「喜揚人之美，不能匿人之過」，即是他喜歡讚揚別人的優點，卻也常常大肆批評別人的過錯。

孔子去世後，魯哀公前來致哀，子貢就忍不住大聲批評：「老師活著的時候，你不好好重用他，現在他人死了，你才來說一些給死人的頌詞，這算哪門子的禮！」（「生不能用，死而誄之，非禮也！」《左傳・哀公十六年》）

或許正因為子貢這種咄咄不饒人的個性，孔子才特別提醒說：「朋友如果有不對的地方，應該誠心地給予忠告，委婉地加以開導；如果朋友不能聽從，就要立刻停止，若仍咄咄逼人，那反而是自取其辱了。」

子貢的缺點，恐怕也是許多人的毛病——「得理不饒人」。「不饒人」往往會讓原本的善意，變得面目全非。「不可則止，無自辱焉」，可說是處理人際關係非常細緻的方式。

歷久彌新說名句

在古代，水患一直是個讓為政者非常頭痛的問題。春秋時期，穀、洛二水又氾濫成災，連王宮也受到洪水的威脅。周靈王準備採用圍堵的方法，年僅十四歲的太子晉聽到後，則馬上大聲反對說：「不可。」並以禹的父親鯀用圍堵的方法，導致治水失敗的教訓批評了一番。

或許是太子晉的批評過於尖刻，讓周靈王面子掛不住，他在大怒之下，廢黜太子晉。太子非常難過，不到三年就抑鬱而終。

歷史上，許多為政者無法接受他人的批評，剛愎自用。唐太宗深諳此點，特別訂定一項制度，鼓勵大臣們提出批評。

唐太宗能容納諫言到什麼樣的程度呢？據說有一天，太宗想去終南山打獵。大臣魏徵知道後，就跑到宮門口等候，想要勸阻太宗。可是等了半天，卻不見太宗人影，只好跑進宮裡。只見太宗全副獵裝端坐在那裡，一動也不動。魏徵一邊感到奇怪，一邊硬著頭皮問道：「聽說陛下要去終南山打獵，怎麼還沒出發呢？」太宗笑著說：「我本來是要去的！但我想你一定會來勸阻我，所以我決定不去了，你放心地回家去吧！」魏徵這才笑咪咪地離開。

梁實秋先生看到孔子寫的「忠告善道」的名句時，也不禁感嘆：「規勸乃是朋友中間應有之義，但是談何容易。」（〈談友誼〉）無怪乎孔子會主張要執之中庸，「不可則止」，一味的批評不但無法治病利行，反而會適得其反。

善者好之，其不善者惡之

名句的誕生

子貢問曰：「鄉人[1]皆好[2]之，何如？」子曰：「未可也。」「鄉人皆惡[3]之，何如？」子曰：「未可也。不如鄉人之善者好之，其不善者惡之。」

〈子路・二十四〉

完全讀懂名句

1. 鄉人：鄉里的人。
2. 好：喜愛，讚揚。
3. 惡：憎恨，厭惡。

子貢問說：「如果鄉里的人都喜歡他，這個人怎樣？」孔子說：「還不能說他是個好人。」子貢又問：「如果鄉里的人都討厭他，這個人怎樣？」孔子說：「還不能說他是個壞人。倒不如鄉里中的好人都喜歡他、敬重他；鄉里中的壞人都厭惡他，他才是真正的好人。」

名句的故事

在孔子的弟子中，子貢（端木賜）和大白天睡覺的宰予同被歸為言語類的人物，意指他們有口齒便給的長才。當年，孔子一行人被困在陳蔡之途時，孔子就是派遣子貢當使者，前往楚國討救兵。口才好自然有利於處理外交事務，與人交際。

根據記載子貢的人緣非常好，到底好到什麼程度呢？不少認識子貢的人甚至認為子貢比孔子更優秀。姑且不論子貢是否真有可能比孔子優秀，但由此至少可以知道一點，說這些話的人肯定非常稱許、喜歡子貢。

子貢的好人緣，也是經過他後天努力學習、經營得來的。本篇就是子貢向孔子請教，究竟怎樣才稱得上是個好人。子貢問：「難道眾人都喜歡的人，就是好人嗎？」孔子回答：「未必。」子貢又問：「那麼難道眾人都討厭的人，就是壞人嗎？」孔子又回答：「那也不一定。真正的好人應該是，好人喜歡、而壞人討厭的人。」不知子貢聽完這番話，是否緊張地馬上計算一下，喜歡自己的人當中有多少好人，多少壞人呢？

歷久彌新說名句

由本篇「如何分辨好人與壞人」，我們可以發現孔子重「質」更甚於「量」，也就是說，他並不以贊成人數的多寡來做判定。這似乎與現代社會的民主制度，以投票人數多寡來作決定的方式不同。現代民主制度重「量」不重「質」的結果，有時就會出現黑幫大哥成為首席立委的荒謬現象。

孔子不贊成以人頭數作為唯一評量的判準，清代《幽夢影》中有一篇〈官聲與花案〉，也傳達相似的看法。其中談到如何判斷官員的好壞，有兩種人的評鑑肯定不能聽，一種是有錢的人（豪門望族），另一種是沒錢的人（寒乞人士）。前者希望做官的順他們的意、討好他們，因此凡是聽話的就是好官；而後者，則是希望拍官員的馬屁、討好官員，因此，也只會說一種話，那就是好話。（「官聲採於輿論，豪右之口，與寒乞之口，俱不得其真。」）

道家判斷好人壞人的看法，似乎又跟儒家不同，明太祖朱元璋在注釋老子的《道德經》時，就曾經感到迷惑，明明孔子教導「不如鄉人之善者好之，其不善者惡之，於斯人可取」，但是，為什麼老子卻說：「善者吾善之，不善者吾亦善之。」（好人我會對他好，壞人我也還是一樣對他好。）道家的看法是玄妙了點，究竟好人與壞人要如何去分辨、面對呢？或許你有獨特的第三種看法！看來，凡是與人有關的事情都是沒有標準答案的！

以直報怨，以德報德

名句的誕生

或曰：「以德報怨，何如？」子曰：「何以報德？以直[1]報怨，以德報德。」

〈憲問・三十六〉

完全讀懂名句

1. 直：公正、正義。

有人問孔子：「用恩惠來回報怨恨，怎麼樣？」孔子反問道：「那麼拿什麼來回報恩惠呢？應該要以公正來對待仇怨，用恩德去回報恩德。」

名句的故事

「以德報怨」這句話當是出自老子之語，《道德經》第六十三章記載「報怨以德」，要用恩惠去化解、回報仇怨。孔子對於「以德報怨」這個問題的答覆是：「以直報怨，以德報德。」孔子所說的「直」有審判、裁決的意思，無為而治的老子卻是用我們人格中的德性，來處理所發生怨恨的事情。

朱熹在《論語集注》中很推崇孔子的這個見解，他說：「於其所怨者，愛憎取捨，一以至公而無私，所謂直也。」直就是一種公平的態度，是非善惡分明；用「直」去回報仇怨，就是用公正的態度去解決仇怨，對雙方才公平。換句話說，這個「直」的含義，也包括用公平合理的方式給予對方懲罰，但絕對不是演變成「以牙還牙、以眼還眼」的局面。

歷久彌新說名句

《詩經．大雅》中有：「投我以桃，報之以李。」你送我桃子，我回贈你李子。《詩經．衛風》也說：「投我以木桃，報之以瓊瑤。」瓊瑤指的是美玉。可見「回報」這個觀念歷史悠久，也反映出上古社會人與人之間純樸和諧的處事方式。

《新唐書．婁師德傳》記載，婁師德的弟弟將前往代州做官，婁師德教導弟弟要學會忍耐，他的弟弟說：「人有唾面，潔之乃已。」意思是說，如果有人對他吐口水，他就自己擦乾。婁師德卻反駁：「未也。潔之，是違其怒，正使自乾耳。」婁師德居然不同意弟弟的看法，他認為如果擦乾，對方會生氣，應該要讓口水自己乾掉。這個「唾面自乾」的故事還談不上是以德報怨，比較像是息事寧人。

涉及政治、法律等層面，往往會有從怨、從德的問題。所以，孔子主張「以直報怨，以德報德」，談的就是統治的藝術，講求公平性、中庸之道，例如「君使臣以禮，臣事君以忠」（〈八佾．十九〉），就是一種君臣之間相互公平的回報。老子在《道德經》第七十九章主張：「和大怨，必有餘怨，安可以為善？」意思是說，即使天大的仇怨都化解了，人民心中還是會留有一些餘恨，這怎麼能算是妥善的辦法呢？所以老子認為，最好不要使人民結怨。孔子是公平去處理發生的問題，老子則是避免怨恨的發生。

談到「報」就不能不提宗教觀點。索甲仁波切在《西藏生死書》中談到：「業是一種自然而公正的過程。」「佛法告訴我們，如果不在這一世為自己負起一切責任，我們的痛苦將不只是持續己世而已，還將持續千千萬萬世。」在佛教中，業就是指有意志的行為，包括身體、言語和心識等三業，必須由人自己負責，而從怨、從德，人都是有「選擇權」的。為了避免「冤冤相報何時了」，宗教鼓勵人要從德，喚起自己慈悲的智慧，去化解怨仇，讓業的力量往正向發展。

論語100

温故而知新

——學習求知

學而時習之，不亦說乎

名句的誕生

子曰：「學而時習之，不亦說[1]乎？有朋自遠方來，不亦樂乎？人不知而不慍[2]，不亦君子乎？」

〈學而・一〉

完全讀懂名句

1. 說：同「悅」，高興的意思。
2. 慍：怨恨的意思。

孔子說：「若能時時反覆溫習已求得的學問，不是很高興嗎？同道的朋友從遠方而來，不是很令人欣喜嗎？即使別人不知道我，也不會因此感到怨恨，這不就是一位修德有成的君子嗎？」

名句的故事

孔子人生最大的樂趣，便在於學習與教學，《論語》第一篇〈學而〉的第一章，就強調努力學習的重要性。此外《孟子・公孫丑》也提到孔子曾說：「聖則吾不能，我學不厭而教不倦也。」表示學習與教學是他永不厭倦的兩件事。在〈公冶長・二十八〉中則說：「十室之邑，必有忠信如丘者焉，不如丘之好學也。」孔子認為到處都有像他這般忠信的人，但要找到和他一樣好學的人，那就很少了。

關於孔子談論學習經驗的篇章，在《論語》全書中可說俯拾即是，例如〈為政・四〉中，孔子說他「十有五而志於學」，在〈述而・十八〉更提到，自己「發憤忘食，樂以忘憂，不知老之將至」，因為喜歡讀書，常忘記吃飯、睡覺，甚至連自己快老了也不知道。

後世有學者認為，《論語》的編纂者將〈學而〉篇列為諸篇之首，便是要強調「學習」是《論語》的根本，其用心可謂深遠。歷代儒家也常引申這段話，宋朝的程頤便解釋，學的人要實行其所學，習的人不斷在腦海中尋繹，如此就能心生愉悅。

歷久彌新說名句

孔子說「學而時習之」，明朝東林黨人顧憲成則有名句：「風聲、雨聲、讀書聲，聲聲入耳；家事、國事、天下事，事事關心。」這兩句話原為顧憲成青年時期所寫的對聯，後來成為東林書院高懸的院訓，表達讀書應不忘關懷社會的理想，而顧憲成帶領東林人士諷議朝政、評論官吏、匡正時弊，可說是這兩句話的最佳實踐者。

此外，父母、師長勸子弟讀書，常把「開卷有益」掛在口頭上。宋太宗在位時曾命臣子編纂一部大型百科全書《太平總類》，宋太宗非常關心這本書的進度，每天都要親自閱讀三卷，有時因國事繁忙來不及，次日一定補上，因此此書後改名為《太平御覽》。有臣子覺得皇帝日理萬機、政務繁忙，又要每天讀這本大書，勸他少看一些，宋太宗回答說：「開卷有益，朕不以為勞也。」風行草偃，宋太宗喜歡讀書，臣子紛紛效法，就連讀書不多的宰相趙普也勤讀論語，他曾對宋太宗說：「臣有《論語》一部，以半部佐太祖定天下，以半部佐陛下致太平。」也因此有了「半部《論語》治天下」的說法流傳後世。

西方說「Leader is reader」，宋太宗稱得上是一範例。

行有餘力，則以學文

名句的誕生

子曰：「弟子[1]入[2]則孝，出[3]則弟[4]，謹而信[5]，汎愛眾[6]，而親仁。行有餘力，則以學文[7]。」

〈學而・六〉

完全讀懂名句

1. 弟子：指後生晚輩。
2. 入：指在家的時候。
3. 出：指出門在外。
4. 弟：友愛兄弟姊妹。
5. 謹而信：遵循常道而行，有信用。
6. 汎愛眾：汎，廣博。眾，指眾人。
7. 文：指詩書六藝之文。

孔子說：「青年人在家要講求孝道，出外要友愛兄長，行為謹慎而說話信實，普遍關懷他人，並接近有仁德的人，做好這些事之後有餘力，再努力學習書本上的知識。」

名句的故事

針對「行有餘力，則以學文」，朱熹認為學文可將修德從私轉向公，如果有餘力卻不學文，不知道古代聖賢的智慧，容易流於粗俗。

也有學者認為，從這段話可看出孔子十分重視學與行的結合，「行」指的是修行孝、弟、信、愛等德行，《論語》將這些列入〈學而〉，提醒學子勿為學而忘行。

孔子認為一個人先要做到孝、弟、信、愛之後，才去學習詩書六藝。在《孝經》裡，孔子更把「孝」提高到了「至德要道」的高度，他說：「夫孝，德之本也，教之所由生也。」即孝是道德與教育的根本，又說：「天地之性，人為貴；人之行，莫大於孝。」天地間最可貴的便是孝道。

孔子的弟子閔子騫，當是這段話的最佳範例，他以孝行著稱，並向孔子學文。閔子騫原有兄弟二人，後來母親過世、父親再娶，後母又生了兩個弟弟。然而後母卻虐待閔子騫兄弟，父親知道後要將她逐出家門，經閔子騫勸阻才留下。後母受到感動，視子騫兄弟如同己出。

歷久彌新說名句

做到「孝親」與「學文」，黃庭堅絕對是必提的人物。黃庭堅詩書畫號稱「三絕」，與當時的蘇東坡齊名，人稱「蘇黃」。宋哲宗元祐年間，黃庭堅當到了太史，但他自幼孝順，不因當了大官，就改變對母親的孝心，每天晚上都親自為母親洗滌大小便用的馬桶，正是「貴顯聞天下，平生事孝親，不辭常滌溺，焉用婢生嗔」。史稱「滌親溺器」，名列二十四孝之一。

林語堂在《人生的盛宴》中，批評世人忘記了孔子先學做人後學文的教誨。他首先寫道：「好像古來文人就有一些特別壞脾氣，特別頹唐，特別放浪，特別傲慢，特別矜誇。因為向來有寒士之名，所以寒士二字甚有詩意，以寒窮傲人，不然便是文人應懶，什麼『生性疏慵』，聽來甚好，所以想做文人的人，未學為文，先學懶。」

林語堂又寫道：「大概因為文人一身傲骨，自命太高，把做文與做人兩事分開，又把孔夫子的道理倒栽，不是行有餘力，則以學文，而是既然能文，便可不顧細行。……我想行字是第一，文字在其次。行如吃飯，文如吃點心。單吃點心，不吃飯是不行的。現代人的毛病就是把點心當飯吃。」

林語堂「主張文人亦應規規矩矩做人」，強調文人必須先戒除種種惡習，才能夠寫文章告訴他人世間的道理，否則只是空談。

溫故而知新，可以爲師矣

名句的誕生

子曰：「溫故[1]而知新[2]，可以為師矣。」

〈為政・十一〉

完全讀懂名句

1. 溫故：複習所知道的事物。
2. 知新：領悟新知。

孔子說：「能從溫習舊知中開悟新知，就可以當老師了。」

名句的故事

朱熹針對孔子這段話的解釋，歷代以來皆被視為經典。朱熹指出此章宗旨在於，如果能夠時常複習過去的知識，並有心得感觸，那麼所學都是自己的，且能靈活運用到其他方面，因此可以當別人的老師。如果只是硬記死背過去所學，那麼所知必定有限，便「不足以為人師」。

孔子本身就是「溫故知新」的最佳楷模，他整理六經，都屬於從傳統中創新的工作。例如，孔子雖然強調恢復周禮，仰慕制禮作樂的周公，但實際上，他所講的禮已經與原來的周禮不盡相同，他整理周禮並賦予傳統新的價值與意義，例如「克己復禮為仁」的觀念，已與強調祭祀鬼神的周禮有所出入，可說是孔子的劃時代貢獻。

孔子溫故但能知新，所以不拘泥，思想反倒走在時代的尖端，因此孟子才會稱讚他是「聖之時者也」。

歷久彌新說名句

作家龍應台曾告訴大學生，她每隔兩年便要重讀一次《莊子》，每次都會讓她對生活、工作有新的認識與理解，而重讀《韓非子》，常常驚覺自己想要表達的，韓非子在兩千多年前便已寫過。而學者李澤厚與日本小說家井上靖，都在中老年之後重讀《論語》，李澤厚發表《論語今讀》，井上靖創作《孔子》，都讓他們的事業更上層樓。

與「溫故知新」相反的，則是食古不化，有人稱之為「冬烘先生」或是「兩腳書櫥」，在西方是「有學問的笨伯」，而尼采則說這種人「離開了書本，便不會自己思考」。

歷史上有同時具備改革創新與食古不化的矛盾人物，戰國時代的趙武靈王即一例，他被後世的梁啟超稱為「黃帝後第一偉人」。

趙武靈王提倡「胡服騎射」，下令趙國軍隊拋棄不便作戰的長袍，而改穿能在馬上敏捷作戰的胡服，當時此舉震驚了中原各國。開始時趙國臣子皆以「循法無過，修禮無邪」，即認為遵循古法絕對不會有錯為理由，強加反對。然而，趙軍進行改革後戰無不勝，使原先贏弱的趙國一躍成為超級強國，各國紛紛起而效法。

為了思索攻打秦國的方法，趙武靈王將王位傳給次子趙惠文王，惠文王將趙國管理得有條不紊。但趙武靈王卻囿於禮法，因未將王位傳給大兒子而耿耿於懷，因此想分出一些領地給他，結果大兒子起兵作亂，趙武靈王被困於宮中三個月，最後竟活活餓死。

根據「溫故知新」的解釋，運用到現代可分為兩個層次，一是閱讀經典，二是重讀自己過去曾經讀過的書，後者能從新發現中找到可喜的收穫。

學而不思則罔，思而不學則殆

名句的誕生

子曰：「學而不思則罔[1]，思而不學則殆[2]。」

〈為政・十五〉

完全讀懂名句

1. 罔：茫然無知的樣子。
2. 殆：一為危殆，遲疑不能肯定；二是疲殆，精神倦怠，一無所得。

孔子說：「如果只知讀書學習，卻不加思考，那麼就會茫然無知，沒有任何收獲；如果只是空想而不知學習，那麼就不能肯定所想而會有疑惑不安了。」

名句的故事

近代學者楊樹達在其所著《論語疏證》中表示，這一章可與〈為政・十一〉的「溫故而知新，可以為師矣」相互印證。他認為「溫故而不能知新者，學而不思也；不溫故而欲知新者，思而不學也」，即溫習過去所學卻沒有新的啟發，原因就是學而不思；不溫習過去所學就想得到新知，就是思而不學。

孔子首先提倡學習與思考並重，對孔門弟子影響甚大。《論語》裡還有兩段關於學與思的章節，一是孔子在〈衛靈公・三十〉說：「吾嘗終日不食，終夜不寢，以思，無益，不如學也。」孔子自稱曾經整天不吃不睡，只是思考，結果連一點進步也沒有，還不如去學習。另一段是在〈子張・六〉中，子夏說：「博學而篤志，切問而近思，仁在其中矣。」一般稱為「博學近思」，即博學而志向堅定，有質疑的精神，有問題就研究清楚，從淺近處思索推敲，仁德就在其中。

中國上海復旦大學的校訓便是這句「博學而篤志，切問而近思」。

歷久彌新說名句

不只孔子認為學習與獨立思考要並重，希臘哲學家蘇格拉底也曾說過：「知識不是傳授的，而是靠領悟，真正領悟的知識，才能為自己所擁有。」

西方哲學史中，關於思考的名言還有，笛卡兒的「我思故我在」與巴斯卡的「人是會思想的蘆葦」。

笛卡兒提出「我思故我在」作為哲學不可懷疑的基礎，是在他從法國移居荷蘭之後，當時懷疑主義盛行，蒙田等人提倡「無限後退的懷疑論」，就是不管別人提出什麼論調皆加以懷疑，以致於理性的力量式微。

「我思故我在」要反擊「無限後退的懷疑論」，它的立論基礎是：「就算你無限後退在懷疑，但不可懷疑的是，你正在思考吧！」所以，思考與思考的主體都確確實實存在著。因此，笛卡兒稱「我思故我在」是不能懷疑的第一定理。

「人是會思想的蘆葦」出自巴斯卡的散文哲學著作《沉思錄》。書中提到：「人是大自然中最脆弱的蘆葦，但人是一枝會思想的蘆葦。」

巴斯卡在哲學、數學、物理學領域都有卓越不凡的成就，但卻因身體虛弱，長期患有嚴重的頭痛，三十九歲便撒手人寰，他對人的脆弱有深刻的感受。「人是會思想的蘆葦」所傳達的訊息是，人雖然脆弱如蘆葦，但是獨立的思想能夠讓人堅強地面對一切，這句話同時也意謂著，不會獨立思考的人才真如蘆葦般弱不禁風，隨風飄搖了。

敏而好學，不恥下問

名句的誕生

子貢問曰：「孔文子[1]何以謂之『文』[2]也？」子曰：「敏[3]而好學，不恥下問[4]，是以謂之文也。」

〈公冶長・十五〉

完全讀懂名句

1. 孔文子：即衛國大夫孔圉，十分謙虛好學。他死後，衛國國君為發揚他好學的精神，賜「文」的謚號，世人尊稱他為「孔文子」。
2. 文：彰顯勤學好問的謚號。謚號是人一生言行的總結，通常取優點來表彰。
3. 敏：疾速。
4. 下問：以能問於不能，以多問於寡，以上問於下，都可稱為「下問」。

子貢請教說：「孔文子為何可以得到『文』的謚號？」孔子回答說：「他聰明又愛好學習，並且不視放下身段向人請教是件可恥的事，所以死後才能得到『文』的謚號。」

名句的故事

孔文子是衛國的權臣，也是孔子與弟子們在衛國時最常接觸的大官，後來子路還當了他的家臣。但是根據《左傳》記載，他的品德相當有問題，子貢認為此人並不足道，所以對於他得到謚號「文」頗感不解，才會這樣問孔子。

在《左傳》中記載，孔文子逼迫太叔疾娶了自己的女兒，然而太叔疾喜歡的卻是前妻的妹妹，並把她也娶了過來。孔文子相當生氣，打算派兵攻打太叔疾。為求得勝，孔文子特地請孔子指點軍事部署，而孔子不肯出謀畫策，甚至想離開衛國。孔文子得到消息後，連忙趕來賠禮道歉、苦苦挽留，孔子才沒有立刻出走。

朱熹解釋，凡人只要是天性敏銳，或是位高權重多半不好學，並以求教他人為恥。依據諡法，便將「勤學好問」稱為「文」，其實要做到這點也不簡單，孔圉得到「文」的諡號，也就是基於這個原因。

此外〈述而・二十四〉提到：「子以四教：文、行、忠、信。」「文」居於四教首位，但這並不代表「文」的重要性高於「行、忠、信」之上。從孔文子身上可以看到，有「文」者未必皆具備「行、忠、信」。

歷久彌新說名句

許多人可以輕鬆做到「敏而好學」，但要能「不恥下問」往往需要較高的EQ。在現代，孔子這段話可引申為，不管什麼行業、學歷高低、經歷多寡，其他人一定有自己不懂、不知道的技能，正如韓愈在〈師說〉中所言：「聞道有先後，術業有專攻。」要拋開身分地位的束縛，不以向他人討教為恥，才能有所長進。

撰寫《本草綱目》明朝的醫學家李時珍，便可稱得上因「不恥下問」成就了非凡事業的典範。李時珍長期行醫，發現過去的醫書謬誤頗多，因此發願進行重新整理與補充，為此他「漁獵群書，搜羅百氏」，把找得到的醫書都拿來研讀，並考辨異同，甚至「讀書十年，不出戶庭」，用功到了十年都沒有離開家的地步。

讀完所有醫書後，李時珍決定親自查訪各種民間藥材，足跡遍及大江南北，他虛心拜農民、漁夫、樵夫、捕蛇者為師，甚至冒著生命危險仿效「神農嘗百草」，並實地瞭解各種藥草生長與分布的情況，經過三十年寫下了數百萬字的筆記，終於整理出醫學巨著《本草綱目》。

知之者不如好之者，好之者不如樂之者

名句的誕生

子曰：「知之[1]者不如好之[2]者，好之者不如樂之[3]者。」

〈雍也・十八〉

完全讀懂名句

1. 知之：指瞭解。
2. 好之：內心喜愛，而未能有所得。這是由知而行的開始。
3. 樂之：深深喜愛並且樂在其中，把「應該」去做的轉化成「自然」去做。

孔子說：「瞭解一種學問或道理的人，比不上進一步喜愛這個道理的人；而喜愛這個道理的人，又比不上更進一步樂在其中的人。」

名句的故事

孔子在此章將學習的層次，分為知之、好之、樂之等三個循序漸進的階段，並認為知之不如好之、好之不如樂之。

宋朝儒者張敬夫有個妙喻，他將學習比擬為飲食，知之者知道五穀可以充飢，好之者是吃了五穀之後喜歡那味道，樂之者是喜歡吃它而且常常吃到飽足滿意。知之者不一定好之，好之者又不一定能樂之。而未達到樂之境界的好之者，就是喜好的程度還不夠。

孔子一生在政治上不得志，他最大的樂趣在於學習與教學。他除了在此章討論讀書之樂外，在〈學而・一〉講過：「學而時習之，不亦說乎」，在〈述而・十八〉說：「其為人也，發憤忘食，樂以忘憂，不知老之將至云爾」，以及〈述而・十五〉中有：「飯疏食飲水，曲肱而枕之，樂亦在其中矣」，可見孔子對學習的熱愛。

孔子不但自己從學習中得到樂趣，還能循循善誘，激發學生的學習興趣，顏淵在〈子罕・十〉便見證說：「夫子循循然善誘人，博我以文，約我以禮。欲罷不能，既竭吾才，如有所立卓爾；雖欲從之，末由也已！」在對於孔子學問道德博大精深的讚嘆中，顏淵也傳達了一項訊息：學習是美不勝收、收穫無窮的，也因此他「欲罷不能」啊！

歷久彌新說名句

孔子此章的說法接近「寓教於樂」的教學法，西諺中有言：「興趣是最好的老師。」而美國當代知名的心理學家與教育學家布魯納（Jerome S. Bruner）就曾指出：「學習的最好刺激，乃是對所學材料的興趣。」

孔子此章也被許多人視為座右銘，香港明河社重新出版全套港版金庸小說時，金庸題字的書籤便是「知之者不如好之者，好之者不如樂之者」。武俠小說作家也深知其書迷抱持著好之樂之，而非僅知之的態度閱讀他的作品。

一九二二年，梁啟超曾以「趣味教育與教育趣味」為題進行演講，可說是論語此章的最佳詮釋。梁啟超告訴聽眾：「假如有人問我，你信仰的什麼主義？我便答道，我信仰的是『趣味主義』。有人問我，你的人生觀拿什麼做根柢？我便答道，拿趣味做根柢。我生平對於自己所做的事，總是做得津津有味，而且興會淋漓，什麼悲觀咧，厭世咧，這種字眼，我所用的字典裡頭，可以說完全沒有。我所做的事常常失敗，但我不僅從成功裡感到趣味，就是在失敗裡也感到趣味。」

梁啟超演講中最值得現代人思考的，便是從「失敗中感到趣味」，因為唯有如此，才能超越失敗，雖敗但猶榮。

自行束脩以上，吾未嘗無誨焉

名句的誕生

子曰：「自行束脩[1]以上，吾未嘗[2]無誨[3]焉。」

〈述而・七〉

完全讀懂名句

1. 束脩：脩是乾脯，十脡為一束，束脩為十脡乾脯。
2. 未嘗：不曾，從來沒有。
3. 誨：教誨。

孔子說：「凡是帶著十脡乾脯為禮來求見的，我從來沒有不加以教誨的。」

名句的故事

此章的「自行束脩以上」，各家解釋不同，迄今莫衷一是，但共同的交集是孔子旨在說明自己有教無類，收學生不分貧富貴賤。

宋代朱熹解釋束脩就是乾脯，古人見面時會互相送禮，而束脩是最薄的禮，孔子作風「與人為善」，因此只要是遵循禮法來求學，他從沒有拒絕過。

當代學者傅佩榮引鄭玄的注解，以及《後漢書・延篤傳》的李賢注，認為束脩原義雖是乾脯，但「行束脩」指的是年齡，與乾脯無關。他並依據《周禮・秋官司寇》的說法，古人說「自……以上」的語句，皆指數字的增加。所以此章講有教無類，與薄禮、學費、敬意、誠心等無關，而是強調孔子身為老師的心願，且這句的意思是：「自十五歲以上的人，我沒有不與以教誨的。」

孔子年輕時原本就是窮學生，曾經守過倉庫，而三千弟子中，有富有的子貢，但子路、顏回、曾參都很貧窮。子路家貧，只能吃玉米、薯類充飢，顏回「一簞食，一瓢飲」，更是一窮二白，曾參穿著破衣服自耕自食，魯國君主主動要贈他一處封邑作為俸祿，但他不肯接受。由此可見，孔子不在意學生的貧富。

歷久彌新說名句

此章的主旨在於「有教無類」，而孔子最偉大的貢獻之一，便是將知識自貴族階層傳播至平民階級。不過「自行束脩以上」引起的討論歷經兩千年而不休，有人認為孔子可能不教誨未帶束脩者，沒有完全做到教育不分宗族貴賤，不分階級、地域或智愚的理想境界，稱不上「有教無類」。有人認為「自行束脩」是最基本的禮儀，孔子應該不會將有誠意而無禮品的求教者拒於門外。

當然，此章衍生出許多詮釋，每種說法也各有其目的。例如孔子曾說過「肉食者鄙」，讓很多人誤會，以為吃肉是壞人，不過，孔子也說過，肉不切正或處理方式不當就不吃。所以便有人依「束脩」這句話，推斷孔子是喜歡吃肉的。至於孔子到底愛不愛吃肉，仍是歷史謎題。

此外，也有人將學生帶束脩前來，解釋為孔子興學的經費。教育機關常引用此章，說明連孔子都不是辦慈善事業，何況是他們。而學生團體會引用此章，表示孔子採取的是低學費政策，收取高學費的學校應當見賢思齊。

還有不少私立學校在面對學生家長多元升學與高學費的批評時，便以孔子雖有教無類，但束脩仍然不可免為申辯理由。補教業更說孔子是中國第一位補習班的創立者，束脩就是補習費，否則孔子如何維生，總不能「喝西北風」吧！

其實，束脩只是禮的象徵，只要遵禮來學，孔子都不會拒絕的。

述而不作，信而好古

名句的誕生

子曰：「述而不作[1]，信而好古[2]，竊比[3]於我老彭[4]。」

〈述而．一〉

完全讀懂名句

1. 述而不作：述，傳述舊聞。作，創始，創作。
2. 信而好古：喜歡古人且相信古人的言論事蹟。
3. 竊比：私自比擬。
4. 老彭：商代的賢大夫，其名見《大戴禮》，不過有學者認為老彭是兩個人，老是老聃，彭是彭祖。

孔子說：：「我只傳述而不創作，對於古代文化既相信又愛好，私底下我覺得自己很像商代的老彭！」

名句的故事

根據《漢書．儒林傳》，孔子看遍了他那個時代的典籍，他整理《詩經》、《尚書》、《禮記》、《易經》、《樂經》、《春秋》等六經，因為這些都是古代賢人的教誨，所以他說自己「述而不作，信而好古」。

朱熹認為「創作並非孔子所不能」，只不過整理六經都是講述古代賢王的道理，因此比較沒有創作的空間。儘管孔子做的只是傳述的工作，但可說是集古人之大成，並且折衷歸納，其功勞數倍於創作。

六經中除了《樂經》已經散佚，其他五經都

是歷代讀書人誦讀並奉行的圭臬。《詩經》是中國最早的詩經總集，是孔子為了教導弟子所刪定的，原有三千首，孔子將其刪為三百，選詩的重要標準就是「思無邪」（〈為政・二〉）。《禮記》是孔子闡述周禮意義與功能的文獻集。《尚書》原為中國最早的史書，孔子努力蒐集夏、商、周的歷史文獻，按照時間順序重新編撰，上自堯舜，下至秦穆公。

孔子還為《易經》做了注釋，更從維護周禮的角度出發，重新整理魯國的史書《春秋》，文字中寓意褒貶，記錄評價歷史中的人事，後世把這種寫法叫做「春秋筆法」。孟子說：「孔子成《春秋》，而亂臣賊子懼。」也就是指孔子修改《春秋》，亂臣賊子都害怕孔子史筆如刀，他們因此要遺臭萬年了！

歷久彌新說名句

「述而不作」後被引申為忠實記錄、不扭曲他人言語，某些職業例如編輯、記者、傳記作者、歷史學家，都應該有此職業道德。孔子也被認為是編輯的祖師爺，以及將夏、商、周三代史料加以整理傳之後人的歷史學家。

不過有學者認為，孔子的「信而好古」充滿著「以古非今」的色彩，導致後世重守成而輕創新，只在經典的舊書簍裡努力注釋與考據。從西漢末年的王莽到清朝末年康有為，甚至當代的新儒家，都無法完全擺脫這種「信而好古」的拘束。

在近代，以「信而好古」著稱的名人，以清末「狂儒」辜鴻銘最為奇特。辜鴻銘出生在馬來西亞檳城，當時為英國殖民地，父親是中國人，母親為葡萄牙人。他先後留學於美、法、德等國，在英國愛丁堡大學取得文學碩士、德國萊比錫大學獲得土木工程學博士，堪稱通古博今。完成學業後，他在新加坡語言學家馬建忠建議下，來到父親的祖國中國，曾在外務部任職，他精研苦讀漢學，自號「漢濱讀易者」。他概括形容自己的經歷是：生在南洋，學在西洋，婚在東洋，仕在北洋，他還刻有一枚「東西南北老人」的圖章呢！

辜鴻銘堪稱捍衛中華文化的急先鋒，他給祖先磕頭，外國人嘲笑他說：「這樣做，你的祖先就能吃到供桌上的飯菜嗎？」他馬上反唇相譏：「你們在先人墓地擺上鮮花，他們就能聞到花的香味了嗎？」

當時，西方諸國已比中國進步許多，辜鴻銘卻仍稱「四夷之邦」，在北京大學講課時他曾對學生說：「我們為什麼要學英文詩呢？那是因為要你們學好英文後，把我們中國人做人的道理、溫柔敦厚的詩教，去曉喻那些四夷之邦。」

辜鴻銘當然是個極端，相反的是，現代有不少人把古代講得一文不值，其實也大可不必，西方著名的古典自由主義者海耶克（Friedrich A. Hayek）說過：「傳統是本能與理智之橋。」事實上，要述也要作，好古也要好今，才能夠成為今之達人。

吾少也賤，故多能鄙事

名句的誕生

大宰[1]問於子貢曰：「夫子聖者與，何其多能也[2]？」子貢曰：「固天縱[3]之將聖[4]，又多能也。」子聞之曰：「大宰知我乎！吾少也賤，故多能鄙[5]事。君子多乎哉？不多也。」牢[6]曰：「子云：『吾不試[7]，故藝[8]。』」

〈子罕・六〉

完全讀懂名句

1. 大宰：官名，大即太，大宰即太宰。根據《左傳》與《說苑》的說法，此太宰為吳國的太宰嚭。
2. 夫子聖者與，何其多能也：「聖」字在孔子之前所指相當廣泛，而在孔子之後，儒家才開始稱聖人為德之最高者。與，疑問語助詞。多能：多才多藝。太宰如此問，是以多能者為聖。
3. 縱：不加以限量的意思。
4. 將聖：將，「大」的意思；將聖，即是「大聖」。
5. 鄙：卑賤。
6. 牢：孔子弟子，姓琴，名牢，字子開。
7. 試：得到重用。
8. 藝：才能。

太宰問子貢：「你們的老師是一位聖人吧？不然怎麼竟有如此多的才幹？」子貢回答說：「這是天意要讓他成為聖人，並且具有多方面的才幹。」孔子聽到這句話時說：「太宰真的瞭解我嗎？我因為年輕時貧賤，所以才學會了一些瑣碎粗俗的技藝。君子需要具備很多才幹嗎？我想是不需要的。」牢說：「老師曾經說，因為他沒有被大用，所以才學得許多才能。」

名句的故事

孔子早年喪父，家道中落，根據《史記．孔子世家》記載，孔子年輕的時候貧且賤，十幾歲時為了奉養寡母，不得不幹些雜活。他曾經做過大夫季氏的家臣，職務是管理倉庫，後來也放牧過牛羊，可說都是相當卑微的工作。不過，孔子並沒有瞧不起這些工作，他管理倉庫時帳目清楚，放牧牛羊時牲畜肥壯，都做得相當認真。

朱熹認為孔子並沒有以自己擁有多項才能而自傲，因為多能是額外的事，君子並不一定要如此。不過，「多能鄙事」成為古代耕讀世家的基本修養。

在政治與學術上都有相當成就的曾國藩，寫給兒子曾紀澤的信中，講到祖父所留下的治家之法有四大要事，第一要早起，第二要打掃潔淨，第三要誠修祭祀，第四要善待鄰里。這四件事之外，對於讀書、種菜等事尤其留心。曾國藩也說，他的信中老是提到「書、蔬、魚、豬」，便是受家訓所影響。

歷久彌新說名句

「吾少也賤，故多能鄙事」，是許多白手起家者自勵的話，有「將相本無種，男兒當自強」之意，有人延伸其義為不可輕視小事與雜事，因為大事業都由小事情做起，能從小處著手，才能完成大事。

「將相本無種，男兒當自強」，典出宋朝汪洙所寫的《神童詩》，原詩文中有：「朝為田舍郎，暮登天子堂。將相本無種，男兒當自強。」詩句相當淺白，說一個人早上還是在田裡耕種的莊稼漢，到了晚上就登上了天子的殿堂。王侯將相原本就不是天生的，年輕人應當奮發自強。

「吾少也賤，故多能鄙事」與「將相本無種，男兒當自強」的最佳範例，自當是被稱為

「乞丐狀元」的呂蒙正，他的生平常改編成戲曲。呂蒙正是北宋人，從小父母就過世了，被迫淪落街頭乞討為生，住在簡陋的破窯裡，經常吃了上頓沒有下頓，處處遭人鄙視，但他沒有放棄上進，後來中狀元及第，並三度當上宰相。

他的故事被引為「賤極反貴」，他並寫下了留傳千古的〈呂蒙正格言〉，其中有：「昔時也，余在洛陽，日投僧院，夜宿寒窯，布衣不能遮其體，淡粥不能充其飢；上人憎下人厭，皆言余之賤也！余曰：非吾賤也，乃時也運也命也！余及第登科，官至極品，位列三公，有踐百僚之杖，有斬鄙吝之劍；出則壯士執鞭，入則佳人捧袂；思衣則有綾羅錦緞，思食則有山珍海味，上人寵下人擁，人皆仰慕，言余之貴也。余曰：非吾貴也！乃時也運也命也！蓋人生在世，富貴不能移，貧賤不可欺。此乃天地循環，終而復始者也！」呂蒙正描述了自己的遭遇，窮困的時候，衣不蔽體，食不充飢；顯赫的時候，上人寵，下人擁。唉，非他之賤非他之貴，這是天地循環的道理，只不過世人目光短淺看不清。

「吾少也賤，故多能鄙事」，可以由家長向兒女說，要他們從家事做起；可以由上司跟部屬說，希望他們不要眼高手低；可以由師長對畢業生說，勉勵他們從基層做起，絕不可好高騖遠，以為可以一步登天。

空空如也，我叩其兩端而竭焉

名句的誕生

子曰：「吾有知[1]乎哉？無知也。有鄙夫[2]問於我，空空[3]如也；我叩[4]其兩端[5]而竭[6]焉。」

〈子罕・七〉

完全讀懂名句

1. 知：知曉、知識、智慧的意思。
2. 鄙夫：這裡指見識淺薄的人，亦可俗稱粗人。
3. 空空：形容虛心誠懇的樣子。
4. 叩：抓住、貼緊、推敲之意。
5. 兩端：這裡指事情的正反兩面。
6. 竭：窮盡、盡力的意思。

孔子說：「我有智慧嗎？我實在是沒有啊！若有一個粗人來問我事情，他的態度那樣誠懇，我會推敲他所提問題的正反兩面，然後盡力詳細地回答他。」

名句的故事

孔子說：「吾有知乎哉？無知也。」這句話也可以解釋為：「我什麼都知道嗎？我沒有啊！」此處孔子強調，每一個人不是一出生就什麼都知道、什麼都認識的，他也並非特別地有智慧，他只是很努力地去學習、追求知識。這是孔子為學的謙虛態度。

「有鄙夫問於我，空空如也；我叩其兩端而竭焉。」這裡描述，當孔子面對一個新的問題、新的事物時，能夠摒除已知的觀點，透過對問題反覆的徵詢與考量，再歸結出答案，這個答案必定是客觀的。當然，從中也可以看到孔子有教無類的精神，即使是一個鄙陋無知的人，仍是竭盡全力為他解惑。

孔子在出仕方面可以說是失敗的，但是在教育方面卻有很高的成就。上述之言，是孔子告誡弟子，求知不分階級。孔門便有許多學生出身貧賤，如顏淵、閔子騫、子貢、子路等等。此外，作為一個篤信好學的人，要抱持謙虛誠懇的態度，不可自視太高，正是「知之為知之，不知為不知，是知也」（〈為政‧十七〉）。

歷久彌新說名句

孔子首先放空自己，表示自己知道的並不是很多，然後虛心廣納各方的看法，再激盪出答案，這不禁令人想到「西方孔子」蘇格拉底。蘇格拉底哲學的起點就在於承認自己的無知。當「德爾斐神諭事件」發生後，他花費許多時間尋訪當時雅典的社會名流，探討神諭為什麼說他是世界上最有智慧的人。這位「街頭哲學家」與他人互相問答後，得出一個結論，神諭的啟示應該是說：他，蘇格拉底，能夠虛心承認自己的無知，對於知識有絕對誠實的態度，不像其他人會假裝知道，因此具備了「無知之知」，是世界上最有智慧的人。而蘇格拉底傳世不朽的名言便是：「我知道，我一無所知。」孔老夫子的「無知也」，正也具備了這種「無知之知」。

《他鄉》（高毅、高煜譯）一書描述已故當代英國自由主義哲學大師以薩‧柏林（Isaiah Berlin）的一生，其中敘述年輕的柏林是這樣想的：「我確實發現我並不像有些人那樣優秀，但我並不介意。我沒有什麼抱負，不想出類拔萃。」謙虛只是表象，其實「健談」的柏林很快地在談話討論當中汲取天南地北的知識，爾後「取人之長，補己之短」就成為柏林深厚學養的利器，他又何嘗不是從「空空如也」開始做起呢！

終日不食，終夜不寢，以思，無益，不如學也

名句的誕生

子曰：「吾嘗[1]終日不食，終夜不寢[2]，以思，無益，不如學也。」

〈衛靈公·三十〉

完全讀懂名句

1. 嘗：曾經。
2. 寢：睡覺。

孔子說：「我曾經整天不吃，整晚不睡，都在思考，但卻沒有任何益處，還不如腳踏實地去學習。」

名句的故事

朱熹認為，孔子本身並非思而不學的人，這段話是說來勸人學習的，因為光費心思索，並不如藉由讀書學習獲取知識來得有效。此章可與〈為政·十五〉孔子所說的「學而不思則罔，思而不學則殆」，以及〈季氏·九〉中的「生而知之者，上也；學而知之者，次也；困而學之，又其次也；困而不學，民斯為下矣」，相互對照參考。

繼孔子之後，能夠與此章精神相呼應的有《荀子·勸學》，它已成為規勸弟子向學的千古詞章。其中荀子寫道：「吾嘗終日而思矣，不如須臾之所學也。吾嘗跂而望矣，不如登高之博見也。」意思就是，雖然從早到晚都在思考，但所得卻不如花一小段時間讀書，這道理就像墊起腳跟向遠方眺望，還不如登高所見來得廣闊。荀子的結論是：「君子生非異也，善假於物也。」君子不是生來就比別人優異，而

是善於學習利用前人的智慧，而方法無他，就是讀書。

歷久彌新說名句

關於讀書的成語、名言，可說是多得不勝枚舉。至於為何要讀書這個問題，《說苑》作者西漢劉向的話堪稱一語中的，他說：「書猶藥也，善讀之可醫愚。」書就是藥，懂得讀書可以醫療一種叫愚蠢的病。這種說法真是令人拍案叫絕！

劉向此語依據孟子所言：「人皆知以食愈飢，莫知以學愈愚。」即人們都知道吃飯可以飽肚子，卻不知道要讀書才能避免愚蠢。這句話後世便稱為「以學愈愚」。三國名將呂蒙原本為一介武夫，學問教養都不足，被人視為「老粗」，後來就因為勤讀書而改頭換面，文武兼備，堪稱「以學愈愚」的最佳範例。

根據《資治通鑑》的記載，呂蒙幼年家貧失學，因此書信與奏章都是口述，請別人代擬，東吳領袖孫權便勸他多讀書，他以軍務繁忙、沒時間讀書為由藉口。孫權說：「我又不是要你當經學博士，而是要你讀讀書，知道歷史曾發生過什麼事而已。你說你軍務繁忙，難道會比我還要忙嗎？我小時候讀過《詩經》、《尚書》、《禮記》、《左傳》，遺憾沒有讀到《易經》，從政以來經常看兵書與史書，覺得獲益良多。」

孫權繼續規勸呂蒙：「你很聰明，讀了書一定能有長進，為什麼還不趕快去讀呢？最好把《孫子兵法》跟《左傳》讀一讀。孔子說：『終日不食，終夜不寢，以思，無益，不如學也。』漢光武帝軍務繁忙仍是手不釋卷，曹操也自稱老而好學，你為何不自我勉勵呢！」

呂蒙聽進了孫權的勸告，一有機會就勤讀書，過了不久，連原本視他為大草包的文臣魯肅，都稱讚他「已非吳下阿蒙」。呂蒙則回答：「士別三日，刮目相看。」可見讀書能改變一個人的力量有多大啊！

詩，可以興，可以觀，可以群，可以怨

名句的誕生

子曰：「小子[1]何莫學夫詩？詩，可以興[2]，可以觀[3]，可以群[4]，可以怨[5]。邇[6]之事父，遠之事君。多識[7]於鳥獸草木之名。」

〈陽貨・九〉

完全讀懂名句

1. 小子：弟子。
2. 興：感發志意。
3. 觀：考見得失、體察民情。
4. 群：合群，這裡指與人交往、應對進退的模式。
5. 怨：這裡指譴責批評、抒發憂怨。
6. 邇：近處、眼前。
7. 識：記。

孔子說：「弟子們為什麼不學詩呢？學詩，能夠啟迪人的心志，能夠觀察民情風俗、政治得失，能夠教人應對進退、溝通情感，能夠批評時事、抒發個人憂怨。就近處來看，可以運用其中的道理侍奉父母；就遠處來看，可以輔佐國君；還能多記識一些草木鳥獸的名稱。」

名句的故事

詩原本是古代社會對於生活體驗的口頭創作，有了文字以後才把它記錄下來，有些還有配樂，甚至編成舞蹈。《詩經》有哪些內容呢？首先是「風」，是音樂曲調，所謂「國風」，指當時諸侯國的地方樂曲、民俗歌謠。其次是「雅」，是天子諸侯朝會宴饗時的歌誦，分為大雅、小雅。最後是「頌」，是廟堂之歌，內容多為歌頌祖先功德的祭祀歌詞。

我們可以說，《詩經》是中國歷史文化的記錄者，舉凡古代社會的民俗、風土、慶典、宗教、情愛、政治、哲學、文學、藝術等等，都可以在當中找到蛛絲馬跡，而且透過詩歌的內容可以瞭解社會萬象，增廣見聞。因此，《詩經》在孔門中是非常重要的教材，正如孔子訓誡兒子孔鯉所說的：「不學詩，無以言。」（〈季氏．十三〉）而孔子在教學與問政上，就常常引用《詩經》的內容作為範例。

東漢．鄭玄《詩譜序》中說：「論功頌德，所以將順其美；刺過譏失，所以匡救其惡。」意即《詩經》中有評論君王的功績、稱揚君王的德政，後世可以學習這樣的美德；《詩經》也會探究時弊、議論缺失，讓人改正缺點。

歷久彌新說名句

《毛詩序》中有這樣一段頌詞：「故正得失，動天地，感鬼神，莫近於詩。」《詩經》的內容評論政治社會得失，能感動到天地鬼神。此外，它還有陶冶性情的功能，梁．鍾嶸的《詩品》寫道：「使窮賤易安，幽居靡悶，莫尚於詩矣。」在貧窮清苦的時候，《詩經》能夠讓人得到心靈的安適，在靜僻的時刻，也可以排解煩憂。所以，它不僅是古代事物的記錄，還能撫慰人心。

古希臘哲學家亞里斯多德，有著名的《詩學箋注》（姚一葦譯注），便針對詩學進行深入淺出的探討，在該書第九章談到：「蓋詩人之所以為詩人乃基於其作品中類比特質之功能……，如果一個詩人要自真實的歷史中取材，仍無礙他成為一個真正的詩人，因為歷史上發生之事件亦可以構成蓋然和可能的美好的秩序……。」詩的豐富性正源自於人性，人性具有無限的創造因子，除了從歷史取材、現實取材，人還可以從夢想取材。西方對於詩歌的應用，情感的抒發層面多於政治社會的評論，和孔子的「興觀群怨」，實各有千秋。

論語100 君子固窮

——人生志向

吾十有五而志於學

名句的誕生

子曰：「吾十有[1]五而志於學，三十而立[2]，四十而不惑[3]，五十而知天命[4]，六十而耳順[5]，七十而從心所欲，不踰矩[6]。」

〈為政・四〉

完全讀懂名句

1. 有：音義皆同「又」字。根據古文的句法，十有五，就是十五。
2. 而立：有所成立，有所成就。
3. 不惑：不困惑，不疑惑。
4. 天命：上天的意志，命運，也引申為人生中一切當然的責任與道義。
5. 耳順：聽到一個人說的話，便知道其微言大義，想要表達的是什麼。
6. 踰矩：矩是用來端正方形的工具，引申為法度、規矩。踰矩即逾越法度、規矩。

孔子說：「我在十五歲時，立志學習。到了三十歲，已有所成立，建立起自我的價值觀。四十歲時，對於一切事理，能通達不再迷惑。五十歲時，知曉自己所背負的天命。到了六十歲，聽到別人所說的話，完全清楚他所表達的意思，並分辨真假是非。到了七十歲時，心裡想什麼便作什麼，都不會違背法度規矩。」

名句的故事

根據東漢時代的史學家班固所著的《白虎通》，在周朝時，貴族的小孩八歲時入學，學習基礎的禮樂知識與武藝，到了十五歲則進太學，學習處世為人、治理國家的道理。孔子志於學的年齡不算早，也不算晚。

司馬遷在《史記．孔子世家》中描述了孔子的童年：「孔子為兒嬉戲，常陳俎豆，設禮容。」俎、豆是古代祭祀時盛祭品的器皿，這句說明孔子童年時求知欲便相當強烈，常常演練禮儀來當遊戲。

從本章內容來看，孔子說這些話時，年紀應當已經超過七十歲，距離七十三歲辭世不遠，才會總結自己一生的學習過程，同時勉勵弟子不斷努力，並明確指出學習的進程、各個階段，以及最高標準，即達到隨心所欲而不踰矩的自由境界。

此章也被認為是歷史上最精簡的自傳。明朝中期著名儒者顧憲成認為，孔子從十五志於學，到四十而不惑，可稱為「修境」，是還在修行的階段。五十知天命是「悟境」，已經領悟了世間的常理。到了七十隨心所欲則為「證境」，進入印證真理的境界了。

歷久彌新說名句

後世從《論語》此章衍生出對不同年齡的代稱，例如十五歲即「志學之年」，三十歲就是「而立之年」，四十歲為「不惑之年」，五十歲乃「知命之年」，六十歲即「耳順之年」，七十歲是「從心之年」。

因為十五歲被稱為「志學之年」，因此直到清朝，「吾十有五而志於學」還常是年輕學子必寫的作文題目。在《紅樓夢》第八十四回中，就有一段賈寶玉寫這篇作文的故事。不過聰明頑皮的賈寶玉並沒有像其他人一般，寫自己要追比孔子、從此用功讀書，他寫下「夫不志於學，人之常也」，表明不想讀書乃是人之常情，所以不用太逼他。接著又寫「聖人十五而志之，不亦難乎」，即連孔子都是十五歲才志於學，由此可見讀書不是件容易的事，所以他也可以晚一點再「志於學」了。

關於年齡的代稱，孔子的這套說法在今天可說是相當遍，但事實上不僅此一種。《禮記》中記載有：「五十杖於家，六十杖於鄉，七十杖於國，八十杖於朝。」即根據周禮，一個人到了五十歲可在家拄拐杖，六十歲可在鄉里間拄拐杖，七十歲可在諸侯前拄拐杖，八十歲則可以在天子的朝廷中拄拐杖。於是由此便衍生出了「杖家之年」、「杖鄉之年」、「杖國之年」與「杖朝之年」，分別代表著五十、六十、七十與八十歲。

此外，因有「人生七十古來稀」之說，七十歲又稱古稀之年，不過隨著社會高齡化的發展，將來古稀之年的歲數可能會繼續往上攀升吧！

君子固窮，小人窮斯濫矣

名句的誕生

衛靈公問陳[1]於孔子。孔子對曰：「俎豆[2]之事，則嘗[3]聞之矣；軍旅之事[4]，未之學也。」明日遂行。在陳絕糧[5]。從者病，莫能興[6]。子路慍[7]見曰：「君子亦有窮乎？」子曰：「君子固窮[8]，小人窮斯[9]濫[10]矣。」

〈衛靈公・一〉

完全讀懂名句

1. 陳：讀作ㄓㄣˋ，zhèn，陣也；軍陣行列之法。
2. 俎豆：俎，讀作ㄗㄨˇ，zǔ，用以盛裝牲體的木製臺架，是祭祀等所用的禮器，借指宗廟祭祀的禮制。
3. 嘗：曾經。
4. 軍旅之事：就是軍隊作戰的事情。一萬二千五百人為軍，五百人為旅。但歷代軍隊編制又有所出入。
5. 絕糧：糧食斷絕、吃完。
6. 興：起。
7. 慍：讀作ㄩㄣˋ，yùn，生氣、不悅。
8. 固窮：固守困窘，安守困窘。
9. 斯：就。
10. 濫：溢也，泛濫，指胡作非為。

衛靈公問孔子關於兵陣的事情。孔子回答說：「關於祭祀的禮制，我倒是聽說過；至於軍隊征伐，我卻沒學過。」第二天，孔子就離開衛國。到了陳國時，糧食斷絕，隨行的弟子們都餓病了，起不了身。子路生氣地跑去見孔子並問：「君子也會有這種困窘嗎？」孔子回答說：「君子即使遇到困窘，也仍能安於艱苦、堅守本分；而小人遇到困窘，則會開始動歪腦筋、胡作非為了。」

名句的故事

西元前四九七年，孔子確定沒有領到最後一塊「祭肉」（指祭祀過的肉，春秋時期，祭祀完國君會分送祭肉給官員，以表續任與尊重），在滿懷失望的心緒下，他帶著徒子徒孫出走魯國。一行人浩浩蕩蕩，準備從陳國經過蔡國要到楚國。陳、蔡兩國雖然不重用孔子，但是也不希望他效勞楚國，於是派了很多人把孔子圍在荒郊野外。包圍孔子的人，並沒有加害孔子，只是使他們師徒無法行動。過了六七天，眼看攜帶的乾糧就快吃光了，大家只好協議一天只吃一餐，於是一群人餓得兩眼發昏、手腳無力。

看到這種情況，個性魯莽的子路自然第一個跳出來，氣沖沖地跑去質問孔子說：「君子難道也會讓自己困窘成這樣嗎？」於是，孔子就回了他上面這一句話：「君子固窮，小人窮斯濫矣。」表示君子安於困窘，再困窘也能堅守節操、平靜和樂，只有小人一遇困窘，就會動歪腦筋、為非作歹了。

這段孔子一行人「在陳絕糧」的故事，還引發不少孔子與弟子之間的精采對話（見〈衛靈公〉三、四、五、六）。但究竟「絕糧」的最後結局是如何呢？當然，他們全都安全獲救了（被楚國的援兵），要不然今天論語的名句就只能寫到這裡了。

歷久彌新說名句

在孔門的眾多弟子中，子路先生大概是最敢於對孔子「大小聲」、批評質疑的人吧！他也算是全書中個性鮮明、有稜有角的人物。常常，子路的不拘小節、快人快語，連旁人都會一邊忍俊不住，一邊替他捏把冷汗。

《史記．孔子世家》中記載，孔子周遊到了衛國，衛國國君衛靈公的夫人叫南子，她有著美麗的容貌和糟糕的私生活。南子久聞孔子之名，想要一睹廬山真面目，孔子推辭不過，只好應約前往。這段拜會傳到了子路的耳朵，藏不住話的子路先生自然又氣沖沖地跑去興「師」問罪，似乎認為孔子怎麼可以去見像南子這種敗德之人。孔子面對子路的指控，也非常激動，急得拿起拐杖指著天發誓說：「我如果真的做了不好的事情，老天會厭棄我！老天會厭棄我！」（「予所否者，天厭之，天厭之！」〈雍也．二十六〉）

想像孔子當時臉紅脖子粗的發誓模樣，現代讀者必會莞爾一笑，孔老夫子也是人嘛！還好有粗枝大葉、不矯揉造作的子路，讓我們得以窺見孔聖人喜怒愛樂、真性情的一面。真正的聖賢絕非道貌岸然、無情無性的人！

然而不知何故，儒家流傳下來的往往是道貌岸然的形象，偉大的左翼作家魯迅便曾利用「君子固窮」這句話，調侃了他筆下的小說人物——孔乙己。「……乙己睜大眼睛說：『你怎麼這樣憑空污人清白……』『什麼清白？我前天親眼見你偷了何家的書，吊著打。』孔乙己漲紅了臉，額上的青筋條條綻出，爭辯道：『竊書不能算偷……竊書！……讀書人的事，能算偷麼？』接連便是難懂的話，什麼『君子固窮』，什麼『者乎』之類。」

不知正牌的孔老夫子看到這段話，是否會再度臉紅脖子粗了起來呢？

士志於道，而恥惡衣惡食者，未足與議也

名句的誕生

子曰：「士[1]志於道，而恥[2]惡衣惡食[3]者，未足與議[4]也。」

〈里仁・九〉

完全讀懂名句

1. 士：泛指讀書人。
2. 恥：動詞，「以……為恥」的意思。
3. 惡衣惡食：惡，音ㄜˋ，e，壞的意思。
   惡衣惡食是指簡陋的衣服和粗糙的食物。
4. 議：此處是討論道理的意思。

孔子說：「讀書人立志追求人生理想，卻以簡陋的衣服和粗糙的食物為可恥，那就不值得和他討論什麼道理了。」

名句的故事

「道」是孔子追求的真理。孔子曾說：「朝聞道，夕死可矣。」（〈里仁・八〉）可見孔子對「道」的執著。但是「道」是什麼呢？《論語》中「道」這個字共出現六十次，指涉的意思略有不同，最常代表的則是道德、學術或理想，例如「本立而道生」的「道」是道德；「吾道一以貫之」的「道」是學術。這裡「士志於道」的「道」，指的則是讀書人的理想。

孔子認為追求理想，必須要專心一致，不能受到外界物質享受的干擾，要像子路，「衣敝縕袍，與衣狐貉者立，而不恥」（〈子罕・二十七〉），即使是一身破爛的棉袍，與穿著貂皮大衣的人站在一起，也不會感到不好意思；或是像顏淵，「一簞食，一瓢飲，在陋巷，人不堪

其憂，回也不改其樂」（〈雍也．九〉），這樣義無反顧的志學之士，才能夠實現理想。

歷久彌新說名句

儒家這種「志學」精神，影響了歷代的知識分子，例如晉代陶淵明說：「不戚戚於貧賤，不汲汲於富貴。」（〈五柳先生傳〉）唐代王勃說：「君子安貧，達人知命。」（〈滕王閣序〉）李白也說：「達亦不足貴，窮亦不足悲。」（〈答王十二寒夜獨酌有懷〉）時代背景雖異，然而心情與孔子相互應和。

不過，追求理想的讀書人難道就得永遠窮困潦倒嗎？孔子曾說：「君子謀道不謀食。耕也，餒在其中矣；學也，祿在其中矣。君子憂道不憂貧。」（〈衛靈公．三十一〉）意思是：如果只為了生計餬口奔波的話，那麼永遠都擺脫不了貧窮的境地，但是如果志於道、努力學習，所有的成果自然會如水到渠成而來，也就可以解決物質生活這些小問題了。

《史記．蘇秦列傳》提到，蘇秦家貧，在外遊歷多年，都沒有什麼成就，被兄弟妻嫂恥笑，他想：「一個讀書人，既然決定要讀書，卻不能憑這些學問來取得尊貴榮寵的地位。那麼，即使書讀得再多，又有什麼用呢？」於是，他挑出一本周書《陰符》，用心研習。一年之後，他寫出了自己的理論，並開始游說各國國君。最後六國南北聯合，蘇秦是這個合縱盟約的領導人，也成為六國的宰相。

蘇秦榮歸故里後，兄弟妻嫂都惶恐恭迎，蘇秦非常感慨地說：「同樣是一個人，富貴了，親戚就畢恭畢敬；貧賤的話，就被輕視。更何況一般人對我的態度呢？假如我在洛陽附近有兩頃良田，現在我還能配掛著六國的相印嗎？」（「此一人之身，富貴則親戚畏懼之，貧賤則輕易之，況眾人乎！且使我有雒陽負郭田二頃，吾豈能佩六國相印乎！」）

只要堅持下去，距離自己的「道」就能更近一步。

志於道，據於德，依於仁，游於藝

名句的誕生

子曰：「志於道，據[1]於德，依[2]於仁，游於藝[3]。」

〈述而・六〉

完全讀懂名句

1. 據：根據，以為根據。
2. 依：依歸，以為依歸。
3. 游於藝：藝，指禮、樂、射、御、書、數六藝。游於藝，指涵泳於六藝活動或學術修養中。

孔子說：「一個人應該立定志向追求真理，以道德為根據，以仁德為依歸，並涵泳在禮、樂、射、御、書、數等六藝的活動中。」

名句的故事

南宋朱熹認為，《論語》此章在說明一個人求學的各種歷程與先後順序，第一步先得立志，立志才能心存正念，避免走上歪路；以道德為根據才不會動搖志向；以仁德為依歸才能繼續堅持，不為物慾所迷惑；而涵泳六藝，無所遺漏，便能在不同領域中自我成長，如此長久以往，將不自覺地進入聖賢的境界。

關於學問的次序與範疇，孔子在〈泰伯・八〉中還提到：「興於詩，立於禮，成於樂。」即先學詩，興起向善的心；再學禮，端正行為，使德業卓然自立；然後學樂，涵養性情，培養完美人格。〈述而・二十四〉記載了孔子教導弟子「四教」，即「文、行、忠、信」。這兩大領域並稱孔門的「四教六藝」。

不過，六藝到底是什麼，學者之間有不同的說法，有人認為是《禮記》、《易經》、《詩經》、《尚書》、《樂經》與《春秋》六經，目前一般認為是禮、樂、射、御、書、數六種技能。也有人認為這六藝是周朝培養官員的先前教育，是貴族教育的內容。教導禮、樂，是培養文官；教導射、御，是為了培養武將；而教導書、數，則是培養地方官。

歷久彌新說名句

依照朱熹的說法，孔子認為求學的第一步就是立志。關於知識分子的志向，在西方思想史中，常被提及的有費希特與韋伯。

費希特是十八世紀的德國哲學家，也是喚起德意志民族自覺自強的重要人物。他在著作《論學者的使命》中提到，知識分子應該「願意為真理而死」，他說：「我的使命就是論證真理；我的生命和我的命運都微不足道；但我的生命的影響卻無限偉大。我是真理的獻身者，我為它服務，我必須為它承受一切，敢說敢做，忍受痛苦。要是我為真理而受到迫害、遭到仇視，要是我為真理而死於職守，我這樣做又有甚麼特別的呢？我所做的不是我完全應當做的嗎？」

當代社會學的奠基人之一德國學者韋伯，他在著名的演講〈學術作為一種志業〉中說，知識分子在完成一篇文章前，必須感受「之前數千年悠悠歲月已逝，未來的數千年，則在靜默中等待他在這段文字中做出成功的推測」，如此才能繼續知性追尋的工作。

費希特與韋伯的話語迄今仍是孜孜不倦研究者的暮鼓晨鐘，支持著他們完成自己的志業。

三軍可奪帥也，匹夫不可奪志也

名句的誕生

子曰：「三軍[1]可奪帥也，匹夫[2]不可奪志也。」

〈子罕・二十五〉

完全讀懂名句

1. 三軍：周朝時，大的諸侯國擁有三軍，小的諸侯國只能有一軍，所指是軍隊的多少，而非今日的陸、海、空三軍。
2. 匹夫：指平民百姓。

孔子說：「可以把軍隊的統帥奪走，但是一個人的志向，卻無法去改變。」

名句的故事

古今中外諸多賢人說過不少與孔子此章相類似的箴言，如墨子的「志不強者智不達」，而孟子有「富貴不能淫，貧賤不能移，威武不能屈」，同樣流傳千古。

孔子若非意志力驚人，如何能夠擺脫利益的誘惑，為了實踐理想，奔波於戰亂四起的春秋諸國之間呢？他說「三軍可奪帥也，匹夫不可奪志也」，便是以匹夫自居，批評那些不肯以仁道治國的諸侯。

歷代各家的注解認為，「匹夫」雖然「微不足道」，但是只要堅守志向，無人可以撼動。三軍雖然「人多勢眾」，但是常常不能「上下一心」，一旦主帥被擄，全軍隨之渙散。所以說啊，可以被奪走的志向就不叫志向，只要真能立定志向，便可以「勇冠三軍」！

歷久彌新說名句

近代中國社會學和人類學奠基人之一的費孝通先生，在其知名著作《鄉土中國》提到，老一代知識分子共通的精神特點，便是內心有個「志」，而此志就是愛國與獻身學術，就是「匹夫不可奪志」的志。

「三軍可奪帥也，匹夫不可奪志也。」這句話成為後世讀書人處於逆境、面對強橫時的自勵之語，例如近代新儒家學派早期代表人物之一梁漱溟，面對文化大革命群眾批鬥時，就以這段話表明心跡。

三〇年代，陳獨秀被國民黨逮捕關進牢裡，左派文人聲援他，當時一本刊物《濤聲》公開陳獨秀在獄中所親書的「三軍可奪帥也，匹夫不可奪志也」，表示抗議與對理想的堅持。

一九七三年，中國如火如荼展開「批林（林彪）批孔（孔子）」運動，梁漱溟被逼發表看法。起先他拒絕回應，最後聲明「不批孔，但批林」，引起激憤，被拉至人群中進行「公審」。期間，梁漱溟一直保持沉默，後來被問到對群眾批判的感想，他說：「三軍可奪帥也，匹夫不可奪志也。」登時全場鴉雀無聲，繼而眾人咆哮，場面幾乎無法控制。

眾人要求解釋，他說：「我認為，孔子本身不是宗教，也不要人信仰他，他只是要人相信自己的理性，而不輕易去相信別的什麼。別的人可能對我有啟發，但也還只是啟發我的理性。歸根究柢，我還是按我的理性而言而動。因為一定要我說話，再三問我，我才說了『三軍可奪帥也，匹夫不可奪志也』的老話。吐了出來，是受壓力的人說的話，不是在得勢的人說的話。『匹夫』就是獨人一個，無權無勢。他的最後一著只是堅信自己的『志』。甚麼都可以奪掉他，但這個『志』沒法奪掉，就是把他這個人消滅掉，也無法奪掉！」讀書人的氣節與不畏強權的勇氣，在梁漱溟身上展露無遺。

歲寒，然後知松柏之後彫也

名句的誕生

子曰：「歲[1]寒，然後知松柏之後[2]彫[3]也。」

〈子罕・二十七〉

完全讀懂名句

1. 歲：一年。
2. 後：最後。
3. 彫：同「凋」，凋零。

孔子說：「要到每年天氣寒冷的時候，才知道松樹與柏樹是最後凋落的。」

名句的故事

根據《孔子家語・在厄》記載，孔子應楚昭王的邀請，前往楚國。在半途中，孔子受到陳國官兵的阻擋，不准一行人前往楚國，就地困圍他們「絕糧七日」。子路當時也跟孔子一起受困，他對於孔子平時「積德懷義，行之久矣」，卻落此下場，深感不滿。

孔子便告訴子路：「如果你以為有仁德的人必定會被信賴，那麼伯夷、叔齊就不會餓死在首陽山；如果你以為有智慧的人必定會被任用，那麼比干就不會被剖心；如果你以為盡忠的人必定會獲得回報，那麼關龍逢就不會被求刑；如果你以為規勸的話必然會被聽進去，那麼伍子胥就不會被殺。」（《孔子家語・在厄》）從這些歷史人物的譬喻中，不難發現孔子把自己放在哪個位置。

孔子接著說：「夫遇不遇者，時也，賢不肖者，才也。君子博學深謀而不遇時者，眾矣，何獨丘哉。且芝蘭生於深林，不以無人而不芳；君子修道立德，不為窮困而改節。」意思是說，一個人有沒有被賞識，與時機有關係，賢明或不賢，與人的才能有關，君子博學有才略卻不被君王賞識的人很多，不只有我孔丘一人而已。芝蘭生長在森林深處，不會因為沒有人欣賞就不散發香氣，君子修習道德學問、樹立功績，不會因為窮困而改變志向。

後來孔子脫困，回憶當時情景，便說：「歲寒，然後知松柏之後彫也。」來表達他心中的感觸。清代劉寶楠在《論語正義》中闡述：「在濁世，然後知君子之正不苟容。」意思是說，在政治混亂時，才可以發現君子行為正直，不會隨便與人同流合汙。如同所謂「國家昏亂，有忠臣」（《道德經》第十八章）、「疾風知勁草，板蕩識誠臣」（《舊唐書・蕭瑀列傳》）。後人則常用「松柏後凋」，比喻一個人品格堅貞，氣節高超。

歷久彌新說名句

松、竹、梅稱歲寒三友，諸多優美的文章詩句，運用了松、竹、梅的元素。梁朝范雲的〈詠寒松〉詩中有：「凌風知勁節，負霜見直心。」詩人便是以「勁節」、「直心」來歌詠寒冬中的松。又例如唐朝張九齡在〈感遇〉詩中描寫：「江南有丹橘，經冬猶綠林。豈伊地氣暖，自有歲寒心。」其中的「歲寒心」就是指具備松柏一樣的性格。

大詩人李太白有一首〈古風〉，其中有詩句：「松柏本孤直，難為桃李顏。」松柏是李白的自喻，桃李指豪門權貴，表示他的個性孤傲正直，很難去附和那些豪門權貴。清朝的鄭板橋在〈竹石〉中，篤定地寫著：「咬定青山不放鬆，立根原在破巖中。千磨萬擊還堅勁，任爾東西南北風。」前兩句是形容竹子的出身，挺立在高峻山崖中；後兩句是說明竹子的生存原則，任憑狂風驟雨，都無法撼動它。以竹子比喻君子，和孔子以松柏比喻君子的意義是一樣的。

君子疾沒世而名不稱焉

名句的誕生

子曰：「君子疾[1]沒世[2]而名[3]不稱[4]焉。」

〈衛靈公・十九〉

完全讀懂名句

1. 疾：以為疾，遺憾。
2. 沒世：死亡。
3. 名：名聲。
4. 稱：稱道。

孔子說：「君子引以為憾的是，在死後沒有好名聲可以讓人稱道。」

名句的故事

司馬遷在《史記・孔子世家》為此段話進行補充，孔子認為君子最遺憾的是死後沒有留下名聲，如果他的理想沒有實踐，要如何面對後世的人呢？

根據《昭明文選》的解釋，古代的仁人志士害怕「馬齒徒長」，時光一天一天流逝，卻沒有建立起好名聲，因此晨興夜寐，努力不懈，不敢稍息片刻。

「君子疾沒世而名不稱焉」代表著儒家積極入世的態度，但也有學者持不同的意見，認為這與〈學而〉第一章的「人不知而不慍，不亦君子乎」相矛盾。

不過，一般認為孔子講「人不知而不慍，不亦君子乎」，是在中壯年時期，因此比較不在乎是否能被後人認同，說「君子疾沒世而名不稱焉」時，已是晚年，因此會憂慮身後名的事，所以修《春秋》，希望可以流傳後世。

歷久彌新說名句

三國時，年輕的曹丕見到天下發生瘟疫，死傷無數，他寫信給大臣王朗提到，「生有七尺之形，死唯一棺之土。唯立德揚名，可以不朽」（《三國志注》）。也就是說，活的時候雖有七尺之軀，但死後只占據一棺木的土地，唯有「立德揚名」，才能夠真正不朽。

漢代司馬遷更把「君子疾沒世而名不稱焉」作為自己的座右銘，他認為歷史上富貴者死後沒沒無聞者無數，立名才是人生在世的目標。司馬遷為投降匈奴的李陵仗義執言，慘遭宮刑，雖然他一度企圖自殺，但想起「文王拘而演周易，仲尼厄而作春秋。屈原放逐，乃賦離騷。左丘失明，厥有國語。孫子臏腳，兵法修列。不韋遷蜀，世傳呂覽。韓非囚秦，說難孤憤。詩三百篇，大抵賢聖發憤之所為作也。」司馬遷以周文王、孔子、屈原、左丘明、孫子、呂不韋、韓非等為例，此先輩前賢皆在逆境中發憤有為，留下千古名聲與功業，因此他「忍辱負重」地活下來，寫了不朽鉅作《史記》，這可說是「君子疾沒世而名不稱焉」的最佳榜樣。

《史記》的人物傳記中，「名不虛傳」、「名冠諸侯」、「名垂後世」等評語不勝枚舉。

「名不虛傳」原作「名不虛」。戰國時齊國公子孟嘗君愛好養士，門下食客多達三千人。司馬遷撰寫《史記》前曾到孟嘗君的領地，發現當地民風強悍，與附近不同，一問方知這些人是孟嘗君食客的後代，因此「龍蛇雜處」，可見與傳說相符，司馬遷說孟嘗君「名不虛」。

「名冠諸侯」指的是魏國的信陵君，他與趙國平原君、齊國孟嘗君、楚國春申君並稱戰國四公子，但他的名稱卻在其他三人之上，甚至遠超過列國諸侯，因此司馬遷稱他「名冠諸侯」。「名垂後世」則是司馬遷在〈刺客列傳〉對刺客的贊詞，說曹沫、專諸、豫讓、聶政、荊軻等五位刺客，慷慨赴死的舉動將留名久遠，故稱「名垂後世」。

當仁，不讓於師

名句的誕生

子曰：「當仁[1]，不讓[2]於師。」

〈衛靈公・三十五〉

完全讀懂名句

1. 當仁：面對仁的時候。
2. 讓：謙讓。

遇到人生正途上該做的事，即使對老師也不必謙讓。

名句的故事

「仁」是中國儒家道德規範的最高原則，也是孔子思想體系的核心理論。什麼是「仁」呢？孔子的學生樊遲曾經三次向孔子問這個問題，前兩次樊遲對於孔子的回答都不能瞭解，第三次孔子做了最簡單的解釋：「愛人。」孔子還說：「泛愛眾，而親仁。」（〈學而・六〉）孔子說的「仁」就是「博愛」的意思。

有一次那位喜歡「晝寢」（白天睡覺）的宰予故意跟孔子抬槓，他問孔子：「仁者，雖告知曰『井有仁焉』，其從之也？」（「井有仁焉」的「仁」與「人」通用。）宰予的意思是：「夫子，您平時常說要仁愛，現在如果有人掉到井裡，仁人是否也要一起跳下去救他呢？」孔子說：「何為其然也？君子可逝也，不可陷也；可欺也，不可罔也。」（〈雍也・二十四〉）這是說，孔子責備宰予：「你問這是什麼傻問題？君子可以想辦法把井裡的人救出來，卻不能跟著他跳進去；君子可能會被欺騙，卻不能被蒙蔽。」

可見孔子的「仁」是有智慧的仁愛，而非盲目的愛，而當學生遇到必須行仁義之事時，即使是老師在場，也不必謙讓。後來這句話簡化為「當仁不讓」，意思擴大為對於應該做的事勇於承擔而不推讓。

歷久彌新說名句

清末的康有為、梁啟超是關係十分密切的師生。少年時，梁啟超就拜在康有為門下為弟子，兩個人一起到北京參加科舉考試，同榜中了進士。後來兩個人聯合發動「維新運動」，並稱「康梁」。維新變法失敗後，他們又一起逃往日本。之後兩人的政治立場漸漸有了分歧。康有為繼續鼓吹維新變法，堅持保皇保教，反對革命。梁啟超由保皇轉向革命，一九〇二年，本著「吾愛孔子，吾尤愛真理；吾愛先輩，吾尤愛國家；吾愛故人，吾尤愛自由」，他公開發表文章，認為「教不必保，也不可保，從今以後，只有努力保國而已」，受到康有為的嚴厲批評。

民國成立後，康有為積極復辟。一九一七年，康有為聯合統率辮子軍的張勛，趁國務總理段祺瑞和大總統黎元洪之間的府院之爭，請溥儀重新登基做皇帝，史稱「張勛復辟」。而梁啟超則堅決維護民主共和，並參加武力討伐，他還以個人名義發出反對的電報，有人擔心這會破壞師生情誼，但梁啟超只說：「師弟自師弟，政治主張則不妨各異，吾不能與吾師共為國家罪人也。」

西方古希臘哲人亞里斯多德在柏拉圖門下求學時，師生論學切磋很密切，但後來他們也在學術上看法分歧：柏拉圖「唯心」、亞里斯多德「唯物」；柏拉圖為學重綜合，亞里斯多德重分科。在這樣的背景下，亞里斯多德說出：「吾愛吾師，吾更愛真理。」這句經常被引用的名言，恰與孔子「當仁，不讓於師」的理念相呼應。

論語100

欲速則不達

——事物道理

成事不說，遂事不諫，既往不咎

名句的誕生

哀公[1]問社[2]於宰我[3]。宰我對曰：「夏后氏以松，殷人以柏，周人以栗，曰使民戰栗[4]。」子聞之曰：「成事不說，遂事[5]不諫[6]，既往不咎[7]。」

〈八佾・二十一〉

完全讀懂名句

1. 哀公：魯哀公。
2. 社：土神。魯哀公所問的社，是指社主而言。當時祭土神，要立一木，以為神的憑依，此木稱為主。
3. 宰我：孔子弟子，名予。
4. 戰栗：恐懼。
5. 遂事：已經在進行的事，不能阻止。
6. 諫：勸諫之意。
7. 咎：怪罪，責罰。

魯哀公請教宰我關於社稷神主的事情。宰我回答說：「做社稷神主的木料，夏朝用松，殷朝用柏，周朝用栗，用栗的意思在於要使老百姓恐懼戰慄。」孔子聽了這段話，僅回答：「已經發生的事情，多說無益；已經做的事，便無法再勸諫阻攔；已經過去的事情，就不用追究了。」

名句的故事

魯哀公向宰我請教關於社稷神主的事情，宰我回答：「做社稷神主的木料，夏朝用松，殷朝用柏，周朝用栗，用栗的意思在於使人恐懼戰慄。」宰我這裡的最後一句，在孔子眼中是最不得體的。根據相關研究，古人為祭祀神明，會有一連串的祈禱，為了舉行祈禱的活動，先要使神明有安居的處所，有人將神安置在高地、石頭，也有安置在大樹上；神被安頓在哪裡，就象徵神在哪裡。「立社」的行動也隱含樹立政治威權的意義。而春秋時期諸國相互爭奪，早已不復周朝世風，如果魯哀公有任何破壞現況的行為，都很容易引來戰爭。

針對這段，朱熹在《論語集注》中表示，孔子覺得宰我沒有真正回答魯哀公的問題，而回答的內容又恐引起魯哀公的殺伐之心，可是事情都已經發生了，所以孔子僅說：「已經發生的事情，多說無益；已經做的事，便無法再勸諫阻攔；已經過去的事情，就不用追究了。」這是孔子告誡宰我，說話要謹慎。

根據當時歷史背景來看，孔子所謂「成事不說」這件事情，是指魯哀公失政、三家專權的局勢形成已久，多說無用，所以不必再說了；所謂「遂事不諫」是指魯國三家已經達到目的，宰我現在才對魯哀公進諫，為時已晚；所謂「既往不咎」是指宰我對哀公的回覆並不適當，但是已經說出，孔子也不追究宰我了。

歷久彌新說名句

孔子對宰我的既往不咎，似乎是有些無奈。歷史上有一個「既往不咎」並成就霸業的例子，那就是曹操。官渡之戰，曹操戰勝袁紹，曹操對於那些原先投靠袁紹的人「既往不咎」，因此獲得許多人的支持，例如陳琳、張郃、高覽、許攸。曹操的「既往不咎」讓他成為三國霸主當中獲得最多英雄豪傑的人。

當代作家劉墉曾在〈不能承受之輕〉一文中寫道：「成事不說，遂事不諫，既往不咎。選了就選了，走了就走了；既然選了，就無所謂對錯；既然走了，就不要怨恨。」用來勸戒人們對於自己所選擇的道路要有勇於負責的態度，回頭路已經不是原來的路了。

同樣的句子卻有不一樣的應用與效果，也指導我們不同的人生態度。

久矣，吾不復夢見周公

名句的誕生

子曰：「甚矣，吾衰[1]也！久矣，吾不復[2]夢見周公。」

〈述而・五〉

完全讀懂名句

1. 衰：衰老的意思。
2. 復：再。

孔子感嘆道：「唉，我老了！很久囉，我都沒有夢到周公了。」

名句的故事

《論語》在這句話之前的一章，形容了孔子當時的生活：「子之燕居，申申如也，夭夭如也。」燕居一詞的燕字，是指燕子飛翔，象徵悠閒自在，所以閒居無事就稱為燕居。這句話是說，孔子閒居無事的時候，非常舒適自在，享受平和寧靜的生活。這時的孔子結束周遊列國，專注於經典編修、教化弟子。

孔子年輕時周遊列國，承襲了堯、舜、禹、湯、文武、周公的道統流傳，希望讓周公制禮作樂的盛世，重現於當時，因此日有所思、夜有所夢，周公便常常來到孔子的夢中。然而，到了孔子晚年，這個理想已經離他愈來愈遠，他專心教書、編書，生活悠閒自得，偶然發現自己已經很少再夢到周公了。因此孔子感慨道：「甚矣，吾衰也！久矣，吾不復夢見周公。」話中似乎也透露著，孔子已經無法盼到周朝盛世的再臨了。

歷久彌新說名句

孔子生活在春秋時期，一個諸國並列、禮樂崩壞的時代，重建社會秩序可說是孔子的理想。在孔子的心目中，西周就是一個典範，他讚美說：「周之德，其可謂至德也已矣。」（〈泰伯．二十〉）此外還有：「周監於二代，郁郁乎文哉！吾從周。」（〈八佾．十四〉）因為周禮延續夏商兩代並加以修訂，所以制度與文物均臻於完美，孔子不僅盛讚並主張遵從周禮。

關於孔子的周公夢，朱自清在〈說夢〉一文中如此寫道：「得知道，做夢而能夢周公，才能成其所以為聖人。我們也還是夠不上格兒的，我們終於只能做第二流人物。」有趣的是，今天我們常常戲稱的「夢周公」，原本是指懷有高人一等的胸襟，但後來已經成為睡覺、作夢的意思，例如唐朝嗜茶如命的盧仝，在〈走筆謝孟諫議寄新茶〉一詩起筆就是：「日高丈五睡正濃，軍將打門驚周公。」詩人連「夢」字都完全省去了，周公此一歷史人物變成了睡眠作夢的代名詞。

事實上，各民族對於夢境，如夢中所呈現的人事物、生活經歷、潛在意識，甚至是「預知」，均有一套解釋的方法，而中國人的「周公解夢」就是一些民間解夢方法的集合。

此外，與夢有關的傳奇故事也不少，例如唐朝李公佐的《南柯太守傳》，主人翁淳于棼在「南柯一夢」中，被國王招為駙馬，當上南柯郡太守，歷經人世的滄桑與榮辱，醒來後發現自己躺在槐樹下，而樹旁蟻穴中的螞蟻依然庸庸碌碌地奔忙著。「南柯一夢」比喻人世貴賤無常，就像浮雲幻夢一般，不論貧賤富貴，到頭來只是一場空。

另外，現代精神分析大師佛洛伊德直指，夢是通往潛意識的大道，經典著作《夢的解析》對夢所反映的真實生活、或偽裝、或欲求、或轉移作用，都有精闢的闡述，引領我們對於人的精神層面有更深的認識。

三月不知肉味

名句的誕生

子在齊聞韶[1]，三月[2]不知肉味。曰：「不圖[3]為樂之至於斯[4]也。」

〈述而・十三〉

完全讀懂名句

1. 韶：舜樂名。
2. 三月：好幾個月，「三」是虛數。
3. 不圖：想不到。
4. 斯：代名詞，指上文「三月不知肉味」。

孔子在齊國聽到了韶樂，好幾個月來，連吃肉都不知道滋味，他說：「沒想到韶樂居然到了這麼感動人的程度。」

名句的故事

有一次，孔丘當起樂評人，比較「韶樂」和「武樂」的優劣，他褒獎「韶樂，盡美矣，又盡善也。」（此為「盡善盡美」成語的由來。）微詞「『武樂』雖盡美矣，未盡善也」。因為舜受堯之讓得天下，所以「舜樂」無殺伐之氣；而武王因伐紂得天下，故「武樂」有殺伐霸氣。

和「三月不知肉味」同樣叫座的另一名言是「餘音繞梁，三日不絕」。春秋時期，韓國有一位女歌手韓娥，靠流浪賣藝為生。一天，她來到齊國旅店求宿，店裡有人瞧不起她，便出言嘲諷侮辱。韓娥受了委屈，悲從中來，不由得用歌聲哀哀唱出「酒後的心聲」。當地人聽後，也悲哀不已，垂淚不止。

韓娥走後三日，人們還沉浸在悲哀之中，茶飯不思。大夥只好派人追回韓娥謝罪。她回來後，改唱「快樂頌」，眾人聽後高興得手舞足蹈，一掃先前的悲哀之情。韓娥的歌聲情景交融，深深縈繞在人們的腦海中三天不去，這正是「餘音繞梁，三日不絕」典故的由來。

歷久彌新說名句

後人稱為「老殘」的清末文人劉鶚，他在〈明湖居聽書〉一文中曾對音樂有深入的讚嘆與描寫，文中夢湘先生就「三日」和「三月」二詞進行了一番比較，他覺得「『三日不絕』這『三日』下得太少，還是孔子『三月不知肉味』『三月』二字形容得透徹些」。而他這話一出，旁邊的馬屁精一聽，連忙灌迷湯道：「夢湘先生論得透闢極了，『於我心有戚戚焉』。」

「三月」是聖人對聖樂的體會，「三日」只是凡人對歌女歌聲的體會，前者當然比較深刻。相同的是，兩者都在讚嘆優美的音樂沁人心脾，而且是絕對不同於商紂王「北里之舞，靡靡之樂」的「亡國之音」。

由於古代未發明錄音設備，音樂無法保存下來，我們無從一飽原汁「耳」福。「韶樂」雖早已不傳，但經過孔子的高度推崇，遂讓「韶樂」在音樂史上有無比崇高的地位，由「韶樂」產生的「三月不知肉味」，就和韓娥小姐的「餘音繞梁，三日不絕」，並列「音樂感人至深」的誇張專用語。

語言演變，現在「三月不知肉味」已非專門用來形容「音樂感人」了，它有新的用途，像沉迷「武俠小說」、狂戀「網咖」的人，也常自詡「三月不知肉味」呢！

仰之彌高，鑽之彌堅

名句的誕生

顏淵喟然[1]嘆曰：「仰之彌[2]高，鑽之彌堅，瞻[3]之在前，忽焉在後！夫子循循然[4]善誘人，博我以文，約我以禮，欲罷不能，既竭吾才，如有所立，卓爾[5]；雖欲從之，末由[6]也已！」

〈子罕・九〉

完全讀懂名句

1. 喟然：嘆息的樣子。
2. 彌：更加。
3. 瞻：向前看的意思。
4. 循循然：指循序漸進的樣子。
5. 卓爾：挺立的樣子。
6. 末由：不知從什麼地方。

顏淵感嘆說：「關於夫子的學問，愈抬頭看它就愈覺得高遠，愈是鑽研就愈覺得堅實艱深；眼看它在前面，忽然又到後面去了。夫子循序漸進地誘導弟子，教我閱讀廣博的典籍來充實，教我用禮節來約束自己，使我的學習想停下來也沒辦法。我盡了自己最大的努力，似乎看到夫子的道理就卓然樹立在我面前，但想追隨它，卻又追不到。」

名句的故事

從這句名言中，我們看到顏淵對於孔子學問的推崇，然而這樣的推崇之語，不只出自顏淵一人。

魯國大夫叔孫武叔在朝廷上稱讚子貢的德學超過孔子。另一位大夫子服景伯下朝後告訴子貢這件事，子貢一點都不驚訝地說：「譬之宮牆，賜之牆也及肩，窺見室家之好；夫子之牆數仞，不得其門而入，不見宗廟之美，百官之富。得其門者或寡矣！」（〈子張．二十三〉）

這句話的意思就是說，如果用宮室周圍的牆作個譬喻，子貢的牆只有一個人的肩膀高，很容易可以看見屋子裡面的全貌。而孔子的牆有好幾仞，如果不從大門進去，就看不到屋子裡面宗廟裝飾的輝煌，文武百官的盛大。現在能夠找到大門進入的人很少了！」子貢的言下之意是，因為叔孫武叔不認識孔子的真面目，所以他才會這麼評論。

歷久彌新說名句

在《史記．孔子世家》中記載，司馬遷在拜讀孔子的著作之後，十分嚮往，並且前往山東去觀賞夫子廟的種種。他用《詩經》中的「高山仰止，景行行止」來稱讚孔子，以高山比喻孔子崇高的德行，令人景仰，司馬遷是「雖不能至，然心鄉往之」，他雖然無法達到跟孔子一樣的境界，但卻仰慕不已。孟子更推崇孔子，說他是：「自有生民以來，未有孔子也。」（《孟子．公孫丑上》）對孟子而言，孔子的地位是空前的。

春秋時魯哀公在孔子過世之後，於山東曲阜設立孔子廟，到唐太宗下詔州縣皆設立孔子廟，孔廟遍及全國。魯哀公時便有祭祀孔子的「釋奠禮」，根據《禮記》記載：「凡始立學者，必釋奠於先聖先師。」意即初入學的學生都必須向先聖先師，行釋奠禮。釋、奠這兩個字都有陳設、呈獻的意思，指的是釋奠時要準備音樂、舞蹈、祭品。尊崇孔子的典禮共分成六段禮讚，迎神禮、初獻禮、亞獻禮、終獻禮、徹饌禮以及送神禮。在唐玄宗開元時期，典禮就趨於正式與隆重。台灣第一次祭孔的儀典是在台南的孔廟。台南孔廟於明朝鄭成功時代興建，每年選在春、秋兩季舉行祭典，以莊嚴肅穆的鐘、鼓齊鳴開場，配合清華悠揚的絲、竹樂音，再加上六佾舞的襯托，表達對至聖先師的敬意，全程典禮約六十分鐘完成。

逝者如斯夫！不舍晝夜

名句的誕生

子在川上[1]曰：「逝[2]者如斯[3]夫！不舍[4]晝夜。」

〈子罕．十六〉

完全讀懂名句

1. 川上：河川岸邊的意思。
2. 逝：往，去。
3. 斯：這個。
4. 舍：通「捨」，停止之意。

孔子在河邊感嘆道：「一去不復返的時光就像這河水一樣啊！日夜不停息地奔流。」

名句的故事

「逝者如斯」常用來感慨時光、歲月的無情消逝。若翻開一些「專家」的解釋，例如朱熹、程子，就把「逝者」，也就是此處水所隱含的事物，解釋成「道體」，這多少延伸了孔子的本意，並且增加了幾分嚴肅性。根據《孔子家語》記載，孔子遇水必觀，確實賦予水許多深刻意涵。

孔子認為，水像高尚的品德，它生生不息地孕育一切生物；水像義理，它循著理路，一定是向下而流；水像道統，它千支萬流滔滔匯入江海，似乎永遠沒有盡頭；水具備勇氣，不論遇到山崖、石壁，都會勇往直前；水像法理，放一盆水，不管底部高低，水面一定是平的；水明察秋毫，因為它無孔不入、無處不到；水善導教化，萬物只要經過水的洗滌，必然潔淨。

不過，讀到「逝者如斯」，總是最先聯想到光陰歲月，它像流水般一去不復返。話說當年孔子回到故鄉魯國當官，已過半百之年。由於在魯國掌握權勢季桓子的兒子過世，季桓子的家臣陽貨，想盡各種辦法要和孔子討論葬禮的事情，但總是碰一鼻子灰。後來陽貨求見孔子多次被拒之後，他乘孔子不在時，送給孔子一頭乳豬，孔子只好依照禮數回禮。有趣的是，孔子想乘陽貨不在家時去答謝，沒想到卻在路上遇到他。

陽貨直接問孔子：「懷其寶而迷其邦，可謂仁乎？」意即，把自己的本領藏起來而任由國家混亂，這樣是仁者嗎？陽貨接著又問：「好從事而亟失時，可謂知乎？」意即，想為國家做點事情卻屢屢錯失機會，這樣是智者嗎？陽貨最後說：「日月逝矣，歲不我與。」陽貨告訴孔子，時光飛逝，歲月不饒人呀！孔子回答：「諾，吾將仕矣。」終於答應出來做官。（〈陽貨．一〉）孔子真正在魯國做官，是陽貨被逐出魯國之後，當時孔子已經五十一歲了，真的是歲月一去不復返啊！

歷久彌新說名句

除了孔子以外，老子也很推崇水，他說：「天下莫柔弱於水，而攻堅強者莫之能勝。」水是萬物中最柔弱的，也是最剛強的，又說：「上善若水，水善利萬物而不爭。」（《道德經》第八章）水真是最好的事物，水善於滋潤萬物卻不會與萬物爭奪。莊子則說：「君子之交淡如水。」（《莊子．山水》）君子之間的來往要像水一樣平凡，才能長久。水對古人確實有莫大的啟發。

此外，許多經典名句也與河岸邊撼天地、泣鬼神的事蹟相關。燕國太子丹為荊軻送行，賓客皆身穿白衣，就在易水岸邊，眾人垂淚涕泣，高漸離擊筑，荊軻歌曰：「風蕭蕭兮易水寒，壯士一去兮不復還。」西楚霸王項羽被漢軍重重圍困於垓下，四面楚歌，與愛妾虞姬飲酒作別，詩云：「力拔山兮氣蓋世，時不利兮騅不逝，騅不逝兮可奈何？虞兮虞兮奈若何？」虞姬自刎，項羽殺出重圍，至烏江時，因自覺無顏再見江東父老，自刎而死。還有，甄宓投河自盡後，七步詩人曹植於洛水上思念她，成就傳頌後世的《洛神賦》，其中「凌波微步，羅襪生塵」、「翩若驚鴻，婉若遊龍」等都是形容洛水神女的名句。詩人張繼夜宿楓江，在愁緒中寫下：「月落烏啼霜滿天，江楓漁火對愁眠，姑蘇城外寒山寺，夜半鐘聲到客船。」（〈楓橋夜泊〉）另一位詩人郭璞也曾在河岸邊感慨：「臨川哀年邁，撫心獨悲吒。」（〈游仙詩〉）歲月是逝去的流水，讓人無奈啊！

微管仲，吾其被髮左衽矣

名句的誕生

子貢曰：「管仲非仁者與？桓公[1]殺公子糾[2]，不能死，又相之。」子曰：「管仲相桓公，霸諸侯，一匡[3]天下，民到於今受其賜；微[4]管仲，吾其被髮[5]左衽[6]矣！豈若匹夫匹婦之為諒[7]也，自經[8]於溝瀆[9]，而莫之知也。」

〈憲問・十八〉

完全讀懂名句

1. 桓公：春秋時齊國的國君。
2. 公子糾：春秋時齊襄公之弟。齊襄公暴戾無道，公子糾離開魯國，齊襄公被殺後，公子糾回齊國，被公子小白，即後來的齊桓公打敗。
3. 匡：改正，扶正。
4. 微：無，沒有。
5. 被髮：指披散著頭髮。
6. 左衽：衣服前襟向左側開，為古代夷狄服裝的特色。隱喻為異族征服。
7. 諒：信，這裡指小誠小信。
8. 自經：自縊，上吊。
9. 溝瀆：田間水溝。

子貢說：「管仲不算是個仁人吧？桓公殺了公子糾，管仲曾任糾的太傅，不能守節而死，反而輔佐桓公為相。」孔子說：「管仲輔佐齊桓公，稱霸諸侯，匡正天下，人民直到今天還受到他的恩惠；如果沒有管仲，我們應該會像蠻夷一樣披散著頭髮，衣襟向左邊開了吧！難道真要像一般的小民那樣拘泥於小節小信，在溝渠之中自殺而沒有人知道才好嗎？」

名句的故事

說到管仲，大家都會想到他輔佐齊桓公實踐「尊王攘夷」、「九合諸侯」的功業。但是管仲也是個平凡人，有他的缺點。他在成為齊國宰相之前，跟鮑叔牙做生意，他分到的錢總是比較多；跟朋友一起出征，開打時他躲在人家後面，得勝時他走在前頭。最為人詬病的是，管仲原本輔佐齊國的公子糾，公子糾被公子小白，也就是後來的齊桓公殺掉之後，管仲非但沒有跟著公子糾殉難，反而還倒戈成為齊桓公的宰相。這也是子貢為什麼會懷疑管仲是否稱得上仁人的原因。

針對子貢的疑問，孔子回答了這句有名的「微管仲，吾其被髮左衽矣」。事實上，子路也有和子貢一樣的質疑，於是孔子便告訴子路：「桓公九合諸侯，不以兵車，管仲之力也。如其仁！如其仁！」（〈憲問・十七〉）孔子推崇管仲，不需要發動戰爭，就可以幫助齊桓公九次召集當時的諸侯，向周天子進貢，這就是管仲的仁德。

孔子當然是從大處去論斷管仲的功業，因為他自己也對管仲的私人行為，有些意見。孔子在〈八佾・二十二〉中說：「管仲之器小哉。」認為管仲的器量狹小，並接著表示：「管氏有三歸，官事不攝，焉得儉？」女子出嫁稱為「歸」，「管氏有三歸」就是管仲娶了三房，有三個家，這三個家的管理是互相獨立的，生活怎麼可能節儉呢？孔子還更不客氣地說：「管氏而知禮，孰不知禮？」因為當時只有國君可以在宮殿外立屏風遮門，管仲是個大夫，應該用簾子遮門，但他卻也在門前立起屏風。還有，國君為了兩國的邦交而設宴款待時，廳堂的兩邊會有供擺放酒杯的「坫」，就是當主客雙方敬酒飲畢後，放回酒杯用的土臺。而管仲宴客時，居然也有坫，因此孔子才會大嘆：「如果說管仲知道禮節，那麼還有誰不知禮節呢？」不過雖然管仲在這些方面有偏差，但是他的功業足已奠下不可動搖的歷史地位。

歷久彌新說名句

這句名言提供兩個歷史文化訊息，一是古人對於頭髮的規矩，二是古人衣著的禮節。

首先，所謂「身體髮膚，受之父母，不可毀傷」，古人無論男女都是留髮的。再者，女人留髮是為了「婦容」，古代女性如果蓄短髮是很不得體的；古代男性則是把長髮梳理整齊後，把它挽起來向上一總，並用簪子固定，這就是束髮。頭髮的整理是古代服制的一部分，代表了身分，如果剃掉頭髮的話，就代表是罪犯（李甲孚《中華文化故事》）。根據《禮記》記載：「東方曰夷，被髮文身……西方曰戎，被髮衣皮……。」東夷西戎的風俗習慣是披髮，與漢人有很明顯的差別。

古人的服制，從天子至庶民，都是要合乎禮法、有規矩的。不同的職業身分有不同的衣服裝飾，早上、中午、下午也有不同的穿衣哲學，衣服的顏色象徵著社會地位。《禮記》記載：「北方曰狄，衣羽毛。」北方的狄族因為天氣寒冷，所以是用動物的羽毛作為衣服的材質，以禦風寒。《尚書》記載：「四夷左衽。」四夷包括了東方的夷、西方的戎、南方的蠻、北方的狄，這四個非華夏民族的衣襟是向左邊開的。因此如果衣襟是「左衽」的話，就代表被蠻夷征服了。

《三國演義》第一〇四回中，廖立聽到孔明的死訊，哭著說：「吾終為左衽矣！」孔明生前始終無法將後主劉禪的蜀漢，推向政治高峰，僅能偏安荊州一帶。一方面面臨曹魏的咄咄逼人，另一方面也有人才斷層的問題，蜀漢的處境實在堪慮。廖立聽到孔明的死訊時，他已是因為「放言無忌」而被貶的庶人，他之所以哭著說：「吾終為左衽矣！」就是推測孔明死後蜀漢恐將無法一統中原，他只能留在荊州，荊州在當時人的眼中自然不比中原，中原才是真正的漢土呀！果真不久後，蜀漢就被收服了。

苗而不秀者，有矣夫

名句的誕生

子曰：「苗而不秀[1]者，有矣夫！秀而不實[2]者，有矣夫！」

〈子罕・二十一〉

完全讀懂名句

1. 秀：稻、麥等農作物吐穗開花。
2. 實：果實。

孔子說：「農作物成苗後卻不吐穗，這種情形是有的吧！農作物吐穗開花卻結不出果實，這種情形也是有的吧！」

名句的故事

今天，「苗而不秀」與「秀而不實」大多用來比喻才質雖好但沒有成就，或指有聰明才智而不努力，也可表示沒有真才實學。

不過在這之前的兩章，都是關於孔子對顏回的評價，因此許多學者認為孔子所言的「苗而不秀」與「秀而不實」，指的仍是顏回。

這種解讀以宋朝儒者邢昺所著的《論語註疏》為代表，其中寫道：「此章亦以顏回早卒，孔子痛惜之，為之作譬也。言萬物有生而不育成者，喻人亦然也。」即孔子痛惜顏回天才早夭，就像稻子、麥子成苗後卻不吐穗，或是吐穗開花卻結不出果實一樣，令人惋惜。

晉朝的李軌提及「顏淵弱冠與仲尼言易」，表示顏回年紀輕輕就可以跟孔子討論深奧的《易經》，聰明才智過人，因此孔子特別器重這名學生。而顏回死時僅有三十二歲，德業學業尚未有所大成，孔子深覺可惜。

因此，「苗而不秀」與「秀而不實」，還有由此延伸的「育而不苗」，曾用來表示對早夭兒童或青年的弔唁。竹林七賢之一的王戎兒子早死，《世說新語》便說其「有大成之風，苗而不秀」，指王戎兒子資質相當優秀，未來可能成為大人物，可惜天不假年，讓白髮人送黑髮人。

不過，「苗而不秀」與「秀而不實」現指一個人資質頗佳，但長大後沒有什麼成就，已與上述意思有所出入。

歷久彌新說名句

「苗而不秀」與「秀而不實」，現多用來形容神童變成了平凡人，類似的名言有「小時了了，大未必佳」，出自孔子的二十世孫孔融之口，為後人普遍應用。

與「小時了了，大未必佳」相反的是，童年時期相當普通，長大後卻成就非凡，有人稱「小時不佳，大時了了」，此外也有「大器晚成」或「大雞慢啼」的說法。

清末民初的武術大師霍元甲，便是「大器晚成」的類型，他所創辦的「精武門」，經過李小龍電影的宣傳，名揚四海，李小龍在電影《精武門》中飾演的角色，便是霍元甲的弟子陳真。

霍元甲幼時體弱多病，父親是當時名震一方的拳師霍恩第，他擔心霍元甲學武會丟霍家的臉，因此不准他習拳。但是，霍元甲心存高遠，趁著父親教導三個哥哥時偷看偷學，並在家附近的棗林苦練，被父親發現後，遭到痛罵，霍元甲以不跟人比武、不辱霍家門面，向父親求情，父親才讓他跟哥哥們一起練武。

霍恩第沒想到，霍元甲悟性遠超過兄長，終於悉心傳藝於他。霍元甲後來融合各家之長，創造出「迷蹤拳」，成為一代武學大師。

小時了了也好，大器晚成也好，重點在於是否能夠持之以恆，不努力的神童，也贏不過認真的平凡人！

過猶不及

名句的誕生

子貢問：「師與商[1]也孰賢？」子曰：「師也過，商也不及。」曰：「然則師愈[2]與？」子曰：「過猶不及[3]。」

〈先進・十五〉

完全讀懂名句

1. 師與商：師，指的是孔子的弟子子張，姓顓孫，名師。商，即孔子另一名弟子子夏，姓卜，名商。
2. 愈：勝的意思。
3. 過猶不及：指過與不及皆有所差失，沒有所謂孰優孰劣的問題。

子貢問道：「子張與子夏兩個人，誰比較賢能啊？」孔子說：「子張的言行過於急進，子夏則稍嫌不足。」子貢說：「那麼，子張要比子夏好一些嗎？」孔子說：「過度與不足同樣都不好。」

名句的故事

孔子對於兩位學生的才性，作了一番比較。子張才高意廣，常常勉強自己去做困難的事，過於急躁，而子夏保守謹慎，心胸視野便比較狹隘，常有所不及。而子貢認為急躁的子張勝於保守的子夏，也是偏離了中庸之道。

近代學者錢穆認為「過與不及」指的是射箭，子張太過用力，子夏用力不足，因此皆無法射中靶心，所以子張非賢於子夏，子貢亦非為不肖，他舉《禮記》子張、子夏彈琴的記載作為佐證。「子張、子夏各除喪見孔子，子張哀痛已竭，彈琴成聲，曰：『不敢不及。』子夏哀痛未忘，彈琴不成聲，曰：『不敢過。』」即子張、子夏各服完喪後來見孔子，子張比較不悲痛，而子夏仍然哀傷，於是彈起琴來，子夏太過而子張不及，都沒有原來的水準。

孔子認為「過」與「不及」，兩者都不算好，朱熹解釋唯有「無過無不及」方為中庸之道。〈堯曰・一〉中提到：「堯曰：『咨，爾舜。天之曆數在爾躬，允執其中。』」即堯命令舜，要信實的執持中道。孔子讚賞堯所提出來的「允執其中」，認為「不偏不倚」遠勝「過」與「不及」。

歷久彌新說名句

「過」或是「不及」都偏離中道常軌，並非做人處世最好的態度。警惕為事太過終將釀成悲劇的成語有「樂極生悲」、「善泳者溺」、「驕兵必敗」，警惕不及的如「畫虎不成反類犬」等，而西方講述「過猶不及」的例子有希臘神話中伊卡魯斯飛行的故事。

工匠狄德勒斯與兒子伊卡魯斯被希臘諸神囚禁在克里特島上，狄德勒斯利用蠟燭製造了兩副精美的翅膀，一副給自己，一副給兒子。在利用翅膀飛離克里特島前，狄德勒斯千叮嚀萬囑咐兒子，因為翅膀是蠟做的，飛太低離不開島嶼，飛太高蠟會因太陽照射而融化。

伊卡魯斯雖然瞭解父親所說的道理，然而一翱翔天空卻興奮過了頭，把父親的話忘得一乾二淨，愈飛愈高，高到聽不見父親的呼喚與警告。最後他的翅膀在炙熱陽光的照射下消融殆盡，伊卡魯斯因而墜落，葬身大海。

因此，後世便以「伊卡魯斯」來告誡人們不可過與不及，否則後果難料。

文猶質也，質猶文也

名句的誕生

棘子成[1]曰：「君子質[2]而已矣，何以文[3]為？」子貢曰：「惜乎，夫子[4]之說君子也，駟不及舌[5]！文猶質也，質猶文也。虎豹之鞟[6]，猶犬羊之鞟。」

〈顏淵・八〉

完全讀懂名句

1. 棘子成：春秋衛國大夫。
2. 質：實質，事物的本來面目。
3. 文：文華，文采。
4. 夫子：古代大夫可以被尊稱為「夫子」，所以子貢這樣稱呼棘子成。
5. 駟不及舌：駟，四匹馬，古代用四匹馬駕一輛車。駟不及舌，形容一旦話說出口，即便是四匹馬拉的車也追趕不上。此為「一言既出，駟馬難追」的語源。
6. 鞟：讀作ㄎㄨㄛˋ，kuò，指去掉毛的皮，即革的別稱。

棘子成說：「君子質樸就可以了，何必要什麼文飾呢？」子貢說：「可惜啊！先生您竟這樣來解釋君子。一言既出，駟馬難追。文飾與質樸的本質一樣重要，質樸的本質與文飾一樣重要。如果去掉毛色花紋，虎豹的革和犬羊的革就沒有什麼區別了。」

名句的故事

孔子主張「文質並重」，曾說過：「質勝文則野，文勝質則史。文質彬彬，然後君子。」（〈雍也・六〉）如果一個人的內在質樸遠多於外在的文采，那麼就會顯得粗鄙野蠻；如果外在的文采遠多於內在的質樸，就會像是官府中掌管文書的官吏。唯有兩者協調，才是君子。

衛國的大夫棘子成並不贊成孔子的看法，而主張「質」勝於「文」，他認為君子只要有良好的本質、高尚的人格就行了，外表的的文采、表面的儀式與禮節只是膚淺的裝飾。

孔子的學生子貢是站在老師這一邊，並且十分惋惜棘夫子的話已出口，就算四匹最快的馬所駕的車也追不回來了。

子貢進一步解釋「文質」需要「並重」，良好的本質應當要有適當的表現形式，否則，本質再好，也無法顯現出來。這就好比如果把虎豹、犬羊身上有紋路的皮毛去掉，虎豹和犬羊的革將難以區分。

總之，儒家主張「表裡如一」、「文質並重」，與道家的「反璞歸真」、「揚質抑文」，看法不同。

歷久彌新說名句

西漢劉向所著的《說苑》記載了先秦到漢代的軼聞瑣事，其中有一個關於「外在美」(文)與「內在美」(質)很有趣的故事。

有一天，孔子去拜訪子桑伯子，子桑伯子常常衣冠不整。孔子的學生知道自己的老師要去見這種人，相當不高興：「老師，您幹麼要去見這種人呢？」孔子回答說：「其質美而無文，吾欲說而文之。」孔子認為子桑伯子的內在是很美麗的，唯一的不足之處，就是太不注重外在的形式與禮儀，因此，他要去說服子桑伯子改變外表的邋遢。

有趣的是，子桑伯子的門人聽見其主人答應接見孔子，也相當不高興。子桑伯子說：「其質美而文繁，吾欲說而去其文。」他認為，孔子的內在是很美麗的，只是太注重外表的形式與禮儀，因此他要說服孔子去掉這些裝飾。

這場會面的結果，是誰也沒改變了誰。只有質與文的爭論，仍一直持續著。

欲速則不達，見小利則大事不成

名句的誕生

子夏為莒父[1]宰[2]，問政[3]。子曰：「無[4]欲速，無見[5]小利。欲速則不達，見小利則大事不成。」

〈子路・十七〉

完全讀懂名句

1. 莒父：父，音ㄈㄨˇ，fǔ。莒父，魯國一個城邑。
2. 宰：邑長。
3. 問政：請問為政之道。
4. 無：不要。
5. 見：只顧。

子夏要到莒父這個地方當邑長，向孔子請教為政之道。孔子說：「不要求快，不要只顧小的利益。如果求快，往往不能達到目的；只顧到小的利益，反而使得大事不能成功。」

名句的故事

子夏，姓卜，名商。子夏和子游以文學（古代文獻典章制度之學）著稱，孔子經常和子夏討論學問與德行的問題，由於子夏聰穎敏悟，孔子有時深受啟發，曾說：「起予者商也！」（〈八佾・八〉）也就是說：「能給我啟發性思考的，大概就是子夏了吧！」

這一章提到子夏被指派去擔任魯國莒父這個地方的行政長官，臨行前，子夏來跟老師請教如何才能把一個地方治理好。孔子告訴子夏：政事有先後本末，主政的人必須按部就班，光求快，是不能達到目的的。而且主政的人，要有遠大的理想，如果處處顧到小利益，大事業就無法成功。換句話說，就是告訴為政者，不能短視近利。

子夏後來在莒父改革舊制，大幅改善了老百姓的經濟狀況。孔子去世之後，子夏到魏國西河地區（濟水、黃河之間）講學，有弟子三百多人，成為「西河學派」一代宗師。但是子夏晚年喪子，哭到失明，晚年生活十分淒涼。

歷久彌新說名句

「欲速則不達，見小利則大事不成。」這句話所包含的道理不僅可針對政治，同樣也適用於個人處事之道。心理學上有所謂的EQ，這種能力包括有耐力延遲享受，也就是不求快、不只求眼前小利。心理學家曾對四歲的小朋友做實驗，把他們個別帶到房間裡，發給每個人一個棉花糖，讓他們選擇可以立即吃掉這個棉花糖，或是等研究人員再次回來，小朋友便可以獲得兩個棉花糖。多年以後，這些孩子長大了，研究發現，能夠忍受一時誘惑而得到兩個棉花糖的小朋友，長大後多半較受歡迎、較能適應環境、富冒險心、有自信、值得信賴；而受不了棉花糖誘惑的小朋友，長大後則顯得較孤單、固執、易受挫折、不敢面對挑戰。所謂「欲速則不達」，也表示要以理智戰勝衝動的情緒，這也是EQ比較高的表現，如同南朝梁・蕭繹之言：「物速成則疾亡，晚就而善終。」也可理解為「延遲享受」的道理。

俗話說：「利字身旁一把刀。」面對伸手可及的利益時，很少人能不心動。但是如果政府官員收受了不當的利益，清廉便毀於一旦；如果記者以利益來取決資料來源，公信力將蕩然無存。面對利益時，何妨「見利思義」一下？所謂的「義」就是合宜，做了不合宜的事，總有後悔的一天。工作和事業的發展是長期累積的過程。「登高必自卑，行遠必自邇」，只有腳踏實地、步步為營，才能謀大事、立大業。

工欲善其事，必先利其器

名句的誕生

子貢問為仁。子曰：「工欲善其事，必先利其器[1]。居是邦也，事其大夫[2]之賢者，友其士[3]之仁者。」

〈衛靈公．九〉

完全讀懂名句

1. 利其器：使工具銳利，準備好完善工具的意思。
2. 大夫：官位。一解作長官。
3. 士：官位位於大夫之下者。一解作一般人。

子貢問行仁的方法。孔子說：「工匠想要妥善完成工作，一定要先使工作所需的器具銳利。居住在某一邦國中，必然選擇奉事此邦國大夫中的賢能者，結交士人中的仁者為友。」

名句的故事

孔子巧善譬喻行仁的方法和工匠完成工作的要訣。無獨有偶，孟子在〈離婁〉篇用了一個極為相似的論述：「離婁之明，公輸子之巧，不以規矩，不能成方員，師曠之聰，不以六律，不能正五音。堯舜之道，不以仁政，不能平治天下。」離婁相傳是黃帝時代之人，眼力極佳，就算是百步之外的細小物，也逃不過他的法眼。而魯國工匠公輸班，手藝精巧，曾為楚惠王製作雲梯來攻打宋國。但孟子說，這兩人，如果空有奇佳眼力，或者高超的工藝技巧，卻沒有畫圓的圓規和畫方的曲尺，是不能精確的畫出方形和圓形的。

傳說師曠在音樂上有奇特天賦，他擅長吹奏號角，到了可以呼風喚雨的地步。但孟子說，就算師曠這般的音樂奇才，如果沒有六律作為基準，就不能校正樂器的五音。因此，無論是離婁，還是公輸子、師曠，都需要「工具」的輔助，否則不足以成就事物的完滿性。

政治上更是如此，「堯舜之道，不以仁政，不能平治天下」，孟子認為堯舜有治國之術，若未施行仁政，同樣不可能治理好天下。

歷久彌新說名句

孔子、孟子，兩人強調工具、規範的重要性，但擅長以寓言諷刺時政的柳宗元，卻另有一番看法。他在〈梓人傳〉中說有一梓人（工匠），雖備有尺、圓規、墨線……，家中卻沒有磨利工具的器材，但誇下海口說，沒有他，工人就無法蓋好一棟房子。更可笑的是，梓人房裡的床缺了腳，自己不會修理，還得找其他的工人來修理才行，柳宗元心想此人應是個無能卻貪財者。後來，京兆尹修理官署，讓柳宗元見識到這名梓人規畫官署，指揮工人，按圖建造樓宇的高超技術，柳宗元不禁讚嘆道：「彼將捨其手藝，專其心智，而能之體要者歟！」即梓人應是個捨棄手藝，專用心智，又能體會工作要訣的人吧！

在西方，哲人培根對工具的發明運用，有深切體認，他在《新工具》一書的前言寫道：「印刷術、火藥、羅盤，這幾樣發明……改變了全世界的面貌和發展。」的確，印刷術帶來知識的普及；火藥促使戰爭、侵略的可行性大大提升；而羅盤，讓航海的領域不斷擴張。由此看來，人類的歷史，真是寫在「工欲善其事，必先利其器」的智慧裡！

道不同，不相爲謀

名句的誕生

子曰：「道[1]不同，不相為謀[2]。」

〈衛靈公・三十九〉

完全讀懂名句

1. 道：志向。
2. 謀：策畫事情。

孔子說：「各人的理想志向不同，彼此便不能在一起謀畫事情。」

名句的故事

根據司馬遷在《史記・伯夷列傳》的說法，孔子指的是他與伯夷這類型的人「道不同，不相為謀」，因為彼此追求的理想不同，所以也就沒有同謀的可能。伯夷是出世的隱士，孔子堅持入世救世，所以可以相互欣賞，但是無法共事。

在《史記・老莊申韓列傳》中，司馬遷又認為「道不同，不相為謀」指的是儒家與道家二派思想。因為學習老莊學問者，必定不相信儒家所言，而學習儒家學問者，也無法相信老莊的言論，兩家可說沒什麼交集，因此不相為謀。

孔子這句話，歷代儒者都解釋為，君子之間因為理想或是彼此的學術領域不同，很可能「道不同，不相為謀」。但一般人使用時，傾向指君子與小人不相為謀，對此錢穆解釋，「君子與小人有善惡邪正之分」，所以絕難共同為謀。

《易經・繫辭》據稱為孔子所作，有「方以

類聚，物以群分」之說，後世常有人改為「物以類聚，人以群分」，即強調社會是由各種小團體所組成，而不同團體之間的糾紛齟齬，也多由「道不同，不相為謀」而起。

當代學者傅佩榮對「道不同，不相為謀」的看法是，人各有志，選擇的人生理想因而未必相同；孔子一方面深信自己把握的是正道，同時也不否定別人有各行其道的自由，這是寬容與尊重的態度。

歷久彌新說名句

原本是朋友，但後來因「道不同，不相為謀」，導致最後分道揚鑣，歷史上的例子有「割席斷交」的管寧和華歆。

管寧和華歆是東漢靈帝時人，兩人原本是形影不離的好朋友，「焦不離孟，孟不離焦」。然而，有一天管寧和華歆一起除草，突然掘到一塊金子，管寧對這塊金子視而不見，但華歆卻忍不住心動，把金子撿起來放在一旁。之後，兩人一起讀書，有一位官員坐轎子從他們門前經過，管寧視若無睹，但華歆卻忍不住跑去外面張望，一臉羨慕的樣子。於是，管寧割斷了兩人一起坐的席子，然後對華歆說：「從今天起，你不再是我的朋友了！」

不過，「道不同，不相為謀」，但不一定就要成為仇敵，有時只是想法與個性冷熱不同，就像十八世紀法國哲學家伏爾泰所說：「我不贊同你的話，卻誓死捍衛你說話的自由。」

法國前總統戴高樂便是此句話的實踐者。一九七〇年時，法國政府鎮壓阿爾及利亞人民的獨立運動，作家沙特公開反對法國政府的軍事行動，並支持阿爾及利亞脫離法國獨立。當時右派人士強烈要求戴高樂政府以叛國罪逮捕沙特，但戴高樂卻表示：「我們不能逮捕伏爾泰！」（沙特實踐伏爾泰）

因此，雖然「道不同，不相為謀」，但要能「容納異己」，才是真正的民主風範。

唯上知與下愚不移

名句的誕生

子曰：「唯上知[1]與下愚不移[2]。」

〈陽貨．三〉

完全讀懂名句

1. 知：同「智」。
2. 移：轉移。

孔子說：「只有最上等的智者和最下等的愚人是不能改變的。」

名句的故事

「唯上知與下愚不移」因為只有孤立一句，沒有上下文說明，歷來有很多不同的解釋。有人認為，孔子有封建思想，主張貴族階級是天生的「上知」，而一般老百姓則是永遠的「下愚」，上智統治下愚是理所當然的。這樣解釋未免過於斷章取義。「唯上知與下愚不移」可以理解為孔子的教育思想，孔子曾說過：「生而知之者，上也；學而知之者，次也；困而學之，又其次也；困而不學，民斯為下也。」（〈季氏．九〉）

從這句話中可以看出，孔子的「上知」指的是生而知之的人，「下愚」則是就算遇到困難也不去學習的人。生而知之的人無待教導，而困而不學的人根本沒有學習動力，所以是不可能改變的。除了某些殘缺之外，一般人的本質都差不多，很少有人是「上知」，也很少有人是「下愚」，至於成就會到什麼地步，與個人學習的勤奮程度大有關係。孔子說：「自行束脩以上，吾未嘗無誨焉。」（〈述而．七〉）就算是「下愚」的人，只要願意學習，孔子還是會傳授他知識的。

歷久彌新說名句

教學，顧名思義，有人教也要有人學，有強烈學習動機的人效率一定比較好。《禮記．學記》中有一段話：「善待問者如撞鐘，叩之以小者則小鳴，叩之以大者則大鳴。」學生如果勤奮學習、經常提出問題，老師會教得多；學生如果興趣缺缺，老師卻一味要灌輸，會變成填鴨式教育，壞了讀書的胃口。

這世界上真的有「生而知之者」嗎？孔子當時的人認為聖人就是生而知之者，不過連孔子都表示自己不是，他說：「若聖與仁，則吾豈敢？抑為之不厭，誨人不倦，則可謂云爾已矣。」孔子認為，若說他是聖人、仁者，他不敢當，他不過是在這方面不厭地學習，並且不倦地教誨人罷了。

《淮南子．人間訓》曰：「愚者有備，與智者同工。」天資駑鈍的人，如果努力準備的話，也能跟聰明人一樣有成就，這句話也就是我們後世所說的「勤能補拙」。每個人天生的秉賦不同，所謂「三分天注定，七分靠努力」，人人都有自己的長處，領導學大師約翰．麥斯威爾（John C. Maxwell）說：「成功是清楚地知道自己一生的目的，發揮最大的潛能，散播能造福他人的種子。」所以盡力去認識自己，發現自己的長處，努力開發學習，對人類有幫助，這就是成功。

畢竟上智與下愚這兩種極端是少見的，大多數人都落在寬廣的中間區域，所以孔子主張「因材施教」，教育也因此有其可能性。上智的人固然生而知之，但普通人立志向前，也有可能超越；同樣地，下愚的人只要有學習的心與動機，每天一點一滴地吸收，一定能夠擺脫下愚的境地。所以，雖然每個人的資質不相同，但是比起一分的天賦，九十九分的努力絕對占了影響人生的大部分。

往者不可諫，來者猶可追

名句的誕生

楚狂接輿[1]歌而過[2]孔子，曰：「鳳兮[3]！鳳兮！何德之衰[4]？往者[5]不可諫[6]，來者[7]猶可追[8]。已而[9]！已而！今之從政者殆[10]而！」孔子下[11]，欲與之言。趨而辟[12]之，不得與之言。

〈微子・五〉

完全讀懂名句

1. 楚狂接輿：楚國的賢人，假裝為狂人避世，真實姓名已無從可考，以其接近孔子之車而歌，故稱他為接輿。
2. 過：經過。
3. 鳳兮：靈鳥，古代認為世有道則可見鳳鳥，世無道時則隱藏不可見。此處是比喻孔子。
4. 何德之衰：接輿以鳳比孔子，世無道但他卻不能隱，是為道德衰敗。
5. 往者：過去的事情。
6. 諫：更改，糾正，挽回。
7. 來者：未來的事情。
8. 猶可追：還能夠補救。
9. 已而：已，止的意思；而，語助辭，也就是「罷了」。
10. 殆：危險。
11. 下：下車。
12. 辟：同避。

楚國一位狂放不羈的狂士接輿，唱著歌經過孔子的馬車旁，他唱的歌是：「鳳凰啊！鳳凰啊！你的德性為何如此衰敗？過去的已經無法挽回，未來的還來得及把握。算了吧！算了吧！現在從事政治的人都很危險啊！」孔子聽他如此唱，下車想跟他說話，那狂士卻急行避去，孔子終究無法與他交談。

名句的故事

根據《史記．孔子世家》，孔子六十歲時，吳國討伐陳國，他與弟子一行人在陳、蔡之間受困，因此絕糧七日。這是孔子一生最艱難困頓的時候，許多學生紛紛餓倒生病，雖然孔子依然講述不止、弦歌不斷，但連子路等忠心耿耿的弟子都對老師開始感到懷疑。

後來，孔子一行人由楚昭王出兵迎接救出，楚昭王原本想將書社地七百里封給孔子，但被楚國臣子所阻止，後來昭王過世，孔子還在楚國時，遇到了狂士接輿。

除了接輿外，孔子在楚國遇到的還有長沮、桀溺與荷蓧丈人等隱者，同樣勸孔子學他們一樣，歸隱山林、不問世事，但孔子仍然堅持要入世救世，不肯學隱士與飛禽同住、與草木同枯。

孔子並非沒有避世的想法，雖然他屢屢在不得志時表示想歸隱，例如在〈憲問．三十九〉中有：「賢者辟世，其次辟地，再次辟色，其次辟言」（賢者看見天下無道，避世隱居；其次，離開這個地方到另一地；再其次，看見別人不重視禮而避去；又其次，聽見別人跟自己意見不合而避開）；在〈公冶長．七〉說：「道不行，乘桴浮於海」；在〈子罕．十三〉裡表示「欲居九夷」，都有拋棄一切、到蠻荒之地終老的念頭，不過他至死都未曾如此做。

歷久彌新說名句

「往者不可諫，來者猶可追」，表示認識到過去雖有錯誤，但現在改正還來得及，或是過去來不及做的事，現在仍有機會追上，可普遍用於政治、環保、經濟等公共領域，也適用於課業、事業、感情的個人領域。

晉代田園詩人陶淵明的《歸去來辭》中也有類似的名句：「悟已往之不諫，知來者之可追，實迷途其未遠，覺今是而昨非。」在這裡，詩人領悟昨非今是，迷途知返，決定及早歸返田園，回到老家耕種荒蕪的田地。

與「往者不可諫，來者猶可追」遙相呼應的，還有明朝袁了凡在《了凡四訓》中所說的「從前種種，譬如昨日死；以後種種，譬如今日生」。《了凡四訓》指的是，「立命之學」、「改過之法」、「積善之方」以及「謙德之效」等四訓，為袁了凡以自身經驗告誡兒子為人處世的道理。

在文章中，袁了凡陳述他年輕時曾算過命，預言他幾歲會中秀才、中舉人，以及名次是第幾，而且是命中無子。因為後來無不一一應驗，所以他也就隨浪浮沉，不是很振作，一切聽從命運的安排。

後來，他遇到一位禪師開導他說，只有凡夫俗子才會接受命運的制約，而袁了凡也就是因為盲信盲從，才會未中進士、未有子嗣。他聽了之後恍然大悟，於是痛改前非、積德行善，下定決心「從前種種，譬如昨日死；以後種種，譬如今日生」。此番態度上的改變打破了算命的預言，之後不但考上進士，並且還喜獲麟兒，傳下這《了凡四訓》。

雖蠻貊之邦行矣

名句的誕生

子張問行[1]。子曰：「言忠信，行篤敬[2]，雖蠻貊[3]之邦行矣。言不忠信，行不篤敬，雖州里[4]行乎哉？立[5]，則見其參[6]於前也；在輿[7]，則見其倚[8]於衡[9]也。夫然後行。」子張書諸紳[10]。

〈衛靈公・五〉

完全讀懂名句

1. 行：古代「行人之言」的行，也就是外交工作。行人：官名，掌管朝覲聘問，即外交事務。
2. 篤敬：忠厚、恭敬。
3. 蠻貊：蠻，古稱南蠻；貊，古稱北狄。蠻貊都是古代對偏遠地區民族的稱呼。
4. 州里：指近鄉本土，與蠻貊相對。五家為鄰，五鄰為里，五黨為州。
5. 立：站立。
6. 參：列，顯現。
7. 輿：車。
8. 倚：緊靠著。
9. 衡：車轅前用於套牛馬的橫木。
10. 紳：束在腰間的大帶。

子張問怎樣在外交事務上四處通達。孔子說：「說話要忠誠、信實，做事要忠厚、謹慎，那麼雖然處在蠻荒落後的國家，也能無所阻礙。反之，如果說話不忠誠信實，做事不忠厚謹慎，那麼即使是近在自己的鄉里，又如何能通達無礙呢？站立時，忠信誠實這幾個字就好像在眼前；坐車時，這幾個字就好像在轅前橫木上。做到這樣，便能四處通達、受歡迎了。」子張聽完便將孔子的話記在腰帶上。

名句的故事

春秋時期，孔子與弟子們周遊列國，進行最早的戶外教學。他們去過不少國家，「子張問行」這段對話據說（《史記．仲尼弟子列傳》）是發生在陳、蔡兩國之間的旅途中。這趟「戶外教學」並不如想像中的順利平安，一下子傳言有人（宋國的司馬桓魋）要暗殺孔子，另一會兒團長孔子又因迷路而脫隊，自己一個人無助地在異國街頭東張西望，還被沒同情心的當地人取笑為「喪家之犬」。最後，又遇上「絕糧事件」。

這時，老老少少一群人開始知覺到，可不是每個國家都會高高興興地張開雙臂，歡迎你去拜訪的。喜歡政治、人又聰明的子張第一個意識到期待的落差，於是，他抓住機會，恭敬地向老師請教，究竟要如何與外國交往。

「言忠信，行篤敬，雖蠻貊之邦行矣。」孔子從從容容地說出這一句話。不管走到哪裡，道理都是一樣的，必須以誠信相待，如果無誠無信，別說是外國了，即便是在自己的國家也是不受歡迎的。這個回答，子張想必是非常地認同，一聽完，便立刻認真地把這句話抄寫在自己的衣服上了！

歷久彌新說名句

據說當初荷蘭人來到台灣，向新港社的原住民首領提出，願意用十五匹粗布，買一塊牛皮大小的土地，來堆放貨物。原住民點點頭，答應了請求。然後，他們眼睜睜地看著「高鼻子的」把牛皮剪成一條長長的細絲，一下就圈去了幾百畝的土地，原住民這才學到了什麼叫「欺騙」。

然而，在南美洲、在非洲也可以聽到幾乎一模一樣的傳說，這種「言不忠信」的故事，幾乎變成一個原型，勾勒殖民時代西方人與當地人的「第一次接觸」。

當西方人來到東方的中原之地，故事又是如

何發展呢？讀過孔子書、背過孔子語的清末名將曾國藩有這麼一段小故事。有一天曾國藩與學生李鴻章討論到「外患」問題，他問李鴻章如何與外國人打交道。

李鴻章回答：「門生也沒有什麼主意。我想，與洋人交涉，我只打『痞子腔』。」（「痞子腔」是安徽中部土語，即油腔滑調之意。）

曾國藩以五指捋鬚，良久不語，徐徐開口說：「呵，痞子腔，痞子腔，我不懂如何打法，你試打與我聽聽？」

李鴻章急忙改口：「門生信口胡說，錯了，還求老師指教。」

曾國藩於是說：「我看來，還是用一個『誠』字。誠能感動萬物，我想洋人亦同此人情。聖人有言：『忠信可行於蠻貊』，這是不會錯的。如果沒有實在力量，虛強造作，仍教人一眼看透。不如推誠相見，凡事說道理，總之，信用必須站得住腳，腳踏實地，蹉跌亦不至過重，想來總比『痞子腔』靠得住些，不是嗎？」

「是，是。」李鴻章聽到這一番話，點頭不已。

曾國藩正直、正派，重視「言忠信，行篤敬」的道理，只可惜當時一般百姓並不能領會，因此對他在天津教案中處罰自己人的作為，十分不諒解。

百工居肆以成其事

名句的誕生

子夏曰：「百工居肆[1]以成其事，君子學以致其道。」

〈子張・七〉

完全讀懂名句

1. 肆：市集貿易的地方，工坊。

子夏說：「各行各業的人要在製作的工坊裡才能專心完成工作，君子則要透過學習才能認識道。」

名句的故事

蘇軾在〈日喻〉中，就曾引用子夏這段話，來說明學與道一體兩面的關係。宋神宗元豐元年，蘇軾遭王安石手下誣陷，因烏台詩案入獄。蘇軾在此案的供詞中，提到〈日喻〉：「以譏諷近日科場之士，但務求進，不務積學，故皆空言而無所得。」

〈日喻〉寫道，有個天生的盲人，想知道太陽的樣子，有人熱心地告訴他，太陽的形狀像個銅盤。於是盲人就敲敲銅盤，記住聲音。後來他聽到鐘聲時，就以為那是太陽。也有人告訴他，太陽光就像是蠟燭。他一聽，摸摸蠟燭，就記住蠟燭的樣子。有一回，他摸到了短笛，認為那就是太陽。但太陽和銅盤、蠟燭，實在是有著天壤之別。

蘇軾說，道比太陽更難瞭解，人如果沒有真正認識道，和盲人無異。他認為道可以靠修養得來，於是引用子夏的「百工居肆以成其事，君子學以致其道」，強化他的立論，闡述學與道的關係。

歷久彌新說名句

求學與求道，一向是儒學的大哉問，兩者好像不離不棄似的，但道家思想卻不這麼認為。老子一句「為學日益，為道日損」，直指這些人為造作之學，不利於求道。

傳統主流，一向緊扣著學與道，到了近代「學以載道」的負擔變輕了，學，純為樂趣，看看梁啟超〈學問的趣味〉就能略知一二。他說，要嚐學問的樂趣，得要：一、無所為而讀，只為趣味；二、不息；三、深入研究；四、找朋友切磋。關於第二項「不息」，他的敘述尤其精采：「『鴉片煙怎樣會上癮？』『天天吃。』『上癮』這兩個字和『天天』這兩個字是離不開的。凡人類的本能，只要那部分擱久了不用，他便會麻木，會生鏽。」

依據梁啟超先生的觀點，讀書人孜孜不倦，憑的就是這種吃鴉片的精神，上癮後，天天不「嗑」點墨水來讀，恐怕比死還難受。

英國哲學家培根，一向就愛論東論西，當然也要〈論求知〉一番。他羅列求知的功能，由此演繹出一番「道」：「知識能塑造人的性格。」因為讀不同種類的書，有不同的功能：讀史明智，讀詩聰慧，演算精密……。哲學家因此得到求知與「治病」的關係：「一個注意力不集中的人，他可以研習數學，因為數學稍不慎就出錯。缺乏分析判斷力的人，可以研習經院哲學，因為這門學問最講究繁瑣辨證。不善於推理的人，可以研習法律案例……。這種種智力上的缺陷，可以透過求知來治療。」

從哲學家邏輯清楚的「求知論證」中，我們可以證明「為學日益，為病日損」為真，得天天抽「書鴉片」來「治療」了！

宗廟之美，百官之富

名句的誕生

叔孫武叔[1]語大夫於朝，曰：「子貢賢於仲尼。」子服景伯[2]以告子貢。子貢曰：「譬之宮牆，賜[3]之牆也及肩，窺見室家之好；夫子之牆數仞[4]，不得其門而入，不見宗廟之美，百官之富。得其門者或寡矣。夫子[5]之云，不亦宜乎！」

〈子張・二十三〉

完全讀懂名句

1. 叔孫武叔：指的是魯國的大夫叔孫州仇，武是他死後的謚號。
2. 子服景伯：魯國大夫，姓子服，名伯，景是他的謚號，也是孔子的弟子。
3. 賜：子貢的名字為端木賜，自稱賜。
4. 仞：古代的長度單位，相當於現在的六尺，也有人說是八尺。
5. 夫子：在此指叔孫武叔。

魯國的大夫叔孫武叔在朝堂上，告訴其他士大夫：「我覺得子貢比他的老師孔子還賢能呢！」因此同樣身為魯國大夫的孔子學生子服景伯，將這番話告訴了子貢。子貢說：「用門牆來比喻吧！我的學識淺薄，所以就像高度只到一般人肩的牆壁，從牆外容易看到家裡的美好，而老師就像有數仞高的宮廷牆壁，一般人連門在哪都不知道，更何況看見宗廟裝飾的美麗、文武百官的富盛。能夠找到大門進入並窺見孔子道理的人或許很少吧！叔孫武叔不瞭解我的老師，會這麼說也是難免的啊！」

名句的故事

此章的時間背景應在孔子死後，當時子貢名聲正盛，因此叔孫武叔才會如此說。孔子晚年時，對他最崇敬的弟子就是子貢，孔子死後，眾弟子都為孔子服喪三年，子貢卻在孔子墓旁築了間屋子，守墓守了六年。

後世有學者批評孔子諸弟子進行「造神運動」，除了子貢、宰我、有若，曾子也極力神化孔子。在某些人眼中，弟子們的做法也許太過，但正因孔子春風化雨的教育，才能讓眾弟子感念不已。

根據《孟子・公孫丑》，宰我說：「以予觀於夫子，賢於堯舜遠矣。」他認為孔子比堯舜還要聖明。有若說：「自生民以來，未有盛於孔子也。」有歷史以來，沒有一個人比孔子賢德。在《孟子・滕文公》中記載曾子說：「江漢以濯之，秋陽以暴之，皓皓乎不可尚已。」用長江、漢水洗濯它，用秋天的太陽曝曬它，孔子學問道德的純潔明亮是無人可比擬的。

歷久彌新說名句

後世稱拜入師門為「列入門牆」，而曾經被老師開除又重回師門，則稱「重入門牆」。金庸的武俠小說《笑傲江湖》，令狐沖被師父岳不群趕出華山派，恆山派定閒師太勸他不如自立門戶，令狐沖便答：「師伯獎飾之言，弟子何以克當？但願恩師日後能原恕弟子過失，得許重入門牆，弟子便無他求了。」

「宗廟之美，百官之富」通常指學問精采深奧，而能夠抓住其核心，就是已經「窺其堂奧」，相反的就是「不得其門而入」了。從此章引申而出的成語，還有「窺其堂奧」、「不得其門而入」。

另外，《論語》此章原寓意孔夫子學問道德高深，若要求取上進，並無捷徑，唯有進黌門或泮宮（皆為古代學校）潛心修習。各地孔廟的照壁，根據此章延伸，皆寫有「萬仞宮牆」四字，表示儒門學問精深博大。

論語100 君子之德，風

——領導風格

譬如北辰，居其所而衆星共之

名句的誕生

子曰：「為[1]政以[2]德，譬如北辰[3]，居其所[4]而眾星共[5]之。」

〈為政・一〉

完全讀懂名句

1. 為：治理。
2. 以：憑藉。
3. 北辰：北極星，古人認為是天的中心。
4. 所：位置。
5. 共：同「拱」。眾星拱之，指圍繞北極星旋轉運行。

孔子說：「政治領袖以道德來治理國家，就像是北極星一樣，安居在它應有的位置上，其他星辰便會圍繞著歸向它。」

名句的故事

針對孔子這段話，宋代的學者程頤、范純夫與朱熹都將它與老子、莊子的學說相連接。范純夫解釋「為政以德」就是以簡、靜、寡三德治國，「以至簡而能御煩，以至靜而能制動，以至寡而能服眾」，也就是用最簡單的原則處理繁雜的國事，以不變應萬變，讓最多數的民眾相信。而朱熹認為，「為政以德」之後便是無為而治，如此就能夠天下歸心。

孔子在此章講「為政以德」，便能如眾星拱北極星般政治清明，在〈季氏・一〉裡，他也提到了「若遠人不服，則修文德以來之」，也是認為為政者應先修德，修好德之後人民自然是近悅遠來。

《呂氏春秋・具備》記載了一個「為政以德」

的範例。宓子擔任魯國的地方官，經過三年，魯國國君派人暗地查訪他的政績，使者看到漁夫即使在夜晚都把抓到的小魚放生，便問他們為什麼，漁夫回答說：「宓子不希望因捕小魚，而讓魚源枯竭，所以我們就放回去。」

後來使者請教孔子，為何宓子能將地方治理得這麼好，孔子回答：「以誠待民，以德治眾。」宓子必定是率先作示範，所以在他的影響和感召下，百姓也都成了有德之人。

歷久彌新說名句

清朝曾國藩所說的「風俗之厚薄奚自乎？自乎一二人之心之所向而已」，便與「為政以德」相當接近，同樣認為風俗厚薄端賴在上位者德行高低，上樑不正、下樑必歪。曾國藩接著解釋說：「此一二人者之心向義，則眾人與之赴義；一二人者之心向利，則眾人與之赴利。」如果在上位的人一心向道義看，那麼眾人也會以道義為依歸；如果一心向金錢看，那麼眾人便會一起趨利避義。

曾幾何時，孔子、曾國藩的話對於奉行「政治是高明騙術」的當代人而言，已是那樣的遙不可及，現代政治人物信仰的是馬基維利的政治權術，而不是儒家先得修身、齊家，才能治國、平天下的道理。好萊塢電影《桃色風雲搖擺狗》稱得上「政治是高明騙術」的最佳註腳。電影中，美國總統捲入了性醜聞風波，然而大選即將到來，想競選連任總統的聲望江河日下，白宮上下焦頭爛額、束手無策。

最後，白宮請出所謂的危機處理專家，聯合好萊塢超級製作人，利用影像製造出一場虛擬的對外戰爭，轉移大眾對性醜聞的注意力。民眾因這場假戰爭同仇敵愾，總統也因此逃過性醜聞風暴，順利蟬連寶座，過不了多久，也沒幾個人記得這場戰爭了。

電影影射的是柯林頓，儘管柯林頓對自己的性醜聞遮遮掩掩，事實真相卻是明明白白的。

舉直錯諸枉，則民服

名句的誕生

哀公問曰：「何為[1]則民服[2]？」孔子對曰[3]：「舉[4]直[5]錯[6]諸[7]枉[8]，則民服；舉枉錯諸直，則民不服。」

〈為政・十九〉

完全讀懂名句

1. 何為：怎樣做。
2. 服：信服，服從。
3. 對曰：《論語》中記事的文例。凡臣下對國君的詢問，一定要用「對曰」。
4. 舉：舉用。
5. 直：正直的人。
6. 錯：同「措」，安置，安放。
7. 諸：「之」、「於」的合音詞，相當於「之於」。
8. 枉：邪曲的人。

魯哀公問孔子：「怎麼做才能使人民都信服呢？」孔子回答說：「舉用正直的人，安置在邪曲的人之上，人民就會信服；把邪曲的人放在正直的人之上，人民就不會信服。」

名句的故事

魯國遵循周禮，由公族執掌大權。魯公族中以孟孫氏、叔孫氏、季孫氏勢力最大，因為他們都是魯桓公的子孫，所以合稱「三桓」，其中又以季孫氏勢力最強。魯哀公身為一國國君，卻不能行國君之實。孔子六十八歲時，在外漂泊十幾年之後，回到家鄉魯國。在他剛回魯國的時候，魯哀公為了要爭取民心，向孔子請教如何使民心順服。孔子的回答主要是放在「用人」的問題上，他跟魯哀公說明：「只要拔擢賢才，罷黜不正派的人，人民自然會信服，國家政局也會安穩；反之，若是在上位者都是邪曲之人，賢能之人不能出頭，老百姓不服從，是非真理無法釐清，國家大局自然不穩。」但是魯哀公並沒有認真把孔子的話聽進去，後來一度想借越國的力量討伐三桓，失敗後卻反被三桓逼逐出國。魯國在不斷的內耗之中，最後終於被楚國所滅。

歷久彌新說名句

《韓詩外傳》裡有一則「雞不如鶴」的故事，其中提到有個叫田饒的人，在魯哀公身邊默默耕耘了好些年，但魯哀公卻一直沒有重用他。有一天，田饒就對魯哀公說：「臣將去君，黃鵠舉矣。」田饒表示，他決定要如同鴻雁一般展翅高飛，離開魯哀公。哀公問：「為什麼呢？」田饒說：「君獨不見夫雞乎！首戴冠者，文也；足搏距者，武也；敵在前敢鬥者，勇也；得食相告，仁也；守夜不失時，信也。雞有此五德，君猶日瀹而食之者，何也？則以其所從來者近也。」田饒這番話的意思就是：「您難道沒看過雞嗎？雞頭上戴著大紅的雞冠，非常文雅；牠雙腳長有鋒利的爪子，十分英武；面對敵人時毫不畏懼敢鬥敢拚，格外勇敢；看見食物時總是招呼同伴們一起來享用，特別仁義；牠還忠於職守，早起報時從不誤事，極其守信。儘管雄雞有著這麼多長處，可是大王還是漫不經心地吩咐把牠煮了吃掉。這是什麼原因呢？因為雄雞經常在您身邊，您每天見慣了牠，習以為常，牠的光彩在大王眼裡便黯然失色，大王感覺不到牠那些傑出的優點與才能。」

但是黃鵠（即鴻）就不同了，田饒繼續說：「夫黃鵠一舉千里，止君園池，食君魚鱉，啄君黍粱，無此五者，君猶貴之，以其所從來者遠矣。」田饒的意思是：「那鴻鳥，從千里之外飛來，落在大王的水池邊，牠啄食大王池中的魚鱉；落在大王的田園裡，毀壞大王的莊稼。鴻鳥沒有雄雞的那些長處，可是大王依然很器重牠。這又是為什麼呢？因為鴻鳥是從遙遠的地方來的，大王對牠懷有一種新奇感，牠的一切作為，大王都認為是非常偉大的。」所以，田饒最後要求魯哀公：「請大王讓我也像鴻鳥一樣遠走高飛吧！」

唐代詩人鮑防即曾以這個故事為題材，寫出詩句：「遠物皆重近皆輕，雞雖有德不如鶴。」此與俗話「遠來的和尚會念經」有異曲同工之妙，都是形容人貴遠賤近、無法「舉直錯諸枉」之意。

君子之德，風；小人之德，草

名句的誕生

季康子問政於孔子，曰：「如殺無道以就有道[1]，何如？」孔子對曰：「子為政，焉[2]用殺？子欲善而民善矣。君子[3]之德，風；小人[4]之德，草。草上之風，必偃[5]。」

〈顏淵．十九〉

完全讀懂名句

1. 殺無道以就有道：無道與有道，泛指惡人與善人。整句話的意思是：殺掉壞人，來成就好人。
2. 焉：何必。
3. 君子：在上位的執政者。
4. 小人：老百姓。
5. 偃：倒伏。

季康子向孔子請教政事，季康子說：「如果把壞人殺掉，來使百姓畏懼而成為好人，您認為怎麼樣？」孔子說：「您施政何必要用殺戮的方式呢？您有心為善，百姓就會跟著為善了。執政者的言行表現就像風一樣，一般百姓的言行表現就像草一樣，風吹在草上，草一定跟著倒下的。」

名句的故事

根據《左傳》記載，魯哀公三年（西元前四九二年）時，季桓子（季孫斯）過世，季康子（季孫肥）繼位，孔子當時六十歲。這一年，孔子特別辛苦，他離開衛國，經過宋國，到了陳國。季康子繼位後，本來要迎接孔子回國，但是受到魯國貴族的阻擾，貴族中有一個叫公之魚的，認為只要請孔子的學生冉有一類的人回來就可以了。

於是在魯哀公十一年（西元前四八四年）時，季康子請冉有回魯國，冉有回魯國不久後，齊軍侵入魯國，冉有率領的軍隊打了勝仗，立了大功。季康子問冉有：「你的軍事才能是天生的還是學來的呢？」冉有說：「是從孔子那裡學的。」於是，季康子便派人帶了重禮迎接孔子回國。

這時孔子已經是六十八歲的老人了。孔子回國後，季康子向孔子請教安定社會秩序的方法。季康子認為亂世要用重典，但孔子主張仁政，他認為只要執政者施政往好的方向，人民安居樂業，社會秩序自然就會變好。這段話後來常簡化為「風行草偃」，比喻在上位者應該以德化民。

歷久彌新說名句

在中國的政治思想發展中，德治與法治一直是個爭論的焦點。德治與法治源於對人性的不同見解。主張性善的，認為為政者應該以身作則，啟發人民的善根，這一派以孔、孟為代表；主張性惡的，認為治亂世要用重典，以法家為代表。事實上，法治雖然收效迅速，但卻無法持久，老子就曾說：「民不畏死，奈何以死懼之！」（《道德經》第七十四章）相較之下，德治需要長時間的醞釀，但卻是使人民心悅誠服的基石。

其實在治國上，德治、法治不相衝突，是可以並行不悖的。《禮記．樂記》中有：「禮以導其志，樂以和其聲，政以一其行，刑以防其奸。禮樂刑政，其極一也，所以同民心而出治道也。」說的是禮樂刑政功能雖然不同，但目標一致，可以相輔相成。唐代開國者從隋朝的暴政亡國中學習歷史經驗，得到的結論是：政權生死存亡的關鍵在於人心向背。唐太宗李世民在《唐律疏議》裡說：「德禮為政教之本，刑罰為政教之用，猶昏曉陽秋相須而成者也。」意思即，德禮是行政教化的根本，刑罰是行政教化的表現；德禮和刑罰就猶如白天和黑夜、夏天和秋天一樣是不可或缺的。歷史上，唐代可說是有意識結合了德治和法治思想，並取得實效的典範。

《資治通鑑》中有一則關於唐太宗的小故事，可以說明德、法並重的理念。

有一次唐太宗及部屬在選拔官員時，發現居然有人膽敢假冒，太宗非常憤怒，發布命令打算將他們處死。兵部郎中戴胄便勸阻說：「依照法律應該流放。」太宗說：「難道你想遵守法律而使我失去信譽嗎？」戴胄回答：「皇帝的命令是出於一時喜怒下達的，然而法律才是國家所公布，用來取信於天下的。陛下對欺詐之事深感憤恨，因此要殺掉他們，儘管您很清楚按照法律不可以這麼做。如果您能忍下一時之氣，謹遵法律來衡量罪刑，如此才能夠真的取得整個天下的信任啊！」太宗說：「你能這樣執法，我還有什麼好擔心的呢！」之後戴胄仍直言進諫，太宗都聽從了他的意見，避免冤獄的發生。

如果在上位者，本身都能遵守法律行事，那麼風行草偃之下，得到人民的擁戴及支持就是再自然不過的事了。

君君，臣臣，父父，子子

名句的誕生

齊景公1問政於孔子。孔子對曰：「君君2，臣臣，父父，子子。」公曰：「善哉！信如君不君，臣不臣，父不父，子不子，雖有粟3，吾得而食諸4？」

〈顏淵・十一〉

完全讀懂名句

1. 齊景公：名杵臼，謚號為景。
2. 君君：第一個字是名稱，第二個字是其實質。指有君主的名稱就必須有君主的實質。
3. 粟：俸祿，糧餉。
4. 食諸：等於「食之乎」，「吃得下去嗎」的意思。

齊景公詢問孔子如何治理政事。孔子回答說：「當君王就要盡君王的道理，當臣子就要盡臣子的道理，當父親就要盡父親的道理，當子女就要盡子女的道理。」景公說：「說得太好了！如果君王不盡君道，臣子不盡臣道，父親不盡父道，子不盡子道，就算有俸祿糧餉，我能夠安心享用嗎？」

名句的故事

根據《史記・孔子世家》記載，孔子見齊景公時是三十五歲，因魯國內亂，孔子才前往齊國。為了接近齊景公，孔子還做了齊國貴族高昭子的家臣。

到了隔年，齊景公向孔子問為政之道，孔子表示「君君，臣臣，父父，子子」，以及「政在節財」。孔子會如此說，是因為當時齊國由陳氏大夫獨攬大權，搞得君主不像君主、臣子不像臣子，齊景公有許多小老婆，又不肯立太子，因此人心浮動、國無寧日。

齊景公相當賞識孔子，想要封一塊地給他，但因當時齊國宰相晏嬰從中阻撓，於是作罷。之後，孔子回到魯國，漸漸得到倚重，由中都宰升任司空，五十幾歲時做到可以參與國政的大司寇，使得魯國顯現「勵精圖治」的氣象。

不過，這使得一心想把魯國當成附庸的齊國大感不安，齊景公派遣使者前往魯國，要求與魯定公夏天時在夾谷（今山東萊蕪）會盟。原本齊景公打算在兩國會盟中壓迫魯國屈服在齊國武力之下，因有孔子的據理力爭，魯國反倒將過去被齊國強占的大片土地爭取回來，是魯國史上少有的外交勝利。

齊景公終究沒有聽進孔子「君君，臣臣，父父，子子」的勸告，後來因為繼承人不定，招致陳氏弒君篡國的災禍。

歷久彌新說名句

歷史上，屬於「君不君」的還有明武宗朱厚照，就是戲曲《遊龍戲鳳》裡的正德皇帝。他生性桀傲不羈、喜歡放鷹獵兔，不但不理朝政，任由宦官劉瑾把持朝政，自己只顧著飲酒尋歡，甚至在皇宮中養起豹來。

他還討厭當了皇帝便不能夠再「加官晉爵」，因此在明朝好不容易打敗北方的韃靼後，竟然封自己為「威武大將軍」、「太師鎮國公」。當寧王在江西起義時，他也以威武大將軍的名義討伐，只不過是帶著十多萬人遊玩作樂、荒唐奢靡，戰爭還是由別人去打。

漢代董仲舒將「君君、臣臣、父父、子子」發展成「三綱五常」，但後世某些腐儒卻曲解為「君要臣死，臣不得不死；父要子亡，子不得不亡」。明末的王夫之認為岳飛便是受到這觀念的誤導，而由南宋的「昏主奸臣」宋高宗與秦檜剝奪軍權與生命，留下一段令人扼腕的歷史！

近者說，遠者來

名句的誕生

葉公[1]問政。子曰：「近者說[2]，遠者來[3]。」

〈子路・十六〉

完全讀懂名句

1. 葉公：葉，音ㄕㄜˋ（she），楚國地名。葉公，楚國葉城首長，姓沈，名諸梁，字子高。
2. 說：同「悅」。
3. 來：同「俫」，招俫，歸附。

葉公向孔子問為政之道。孔子說：「使境內的老百姓安居樂業，使境外的人民來歸附。」

名句的故事

孔子六十三歲的時候，帶領弟子到了負函這個地方，負函雖然屬於蔡國，但因蔡國是一個小國，夾在吳、楚兩國之間，處境艱難。負函住的是蔡國人民，卻由楚國的葉公統治著。當孔子到達負函時，葉公就來請問孔子如何才能把一個地方治理好，孔子的回答針對葉公當時的狀況，一個強國的統治，恐怕帶有歧視的眼光，而領導者不能得到民心的話，自然就無法治理好地方，所以孔子告訴葉公，為政之道就是要使「近者悅，遠者來」。

葉公很佩服孔子，他問子路：「你的老師到底是一個怎麼樣的人呢？」子路一時語塞，不知如何回答。孔子知道後，就跟子路說：「你怎麼不告訴他，孔丘這個人『發憤忘食，樂以忘憂，不知老之將至云爾』。」（〈述而・十八〉）在經過多年流離之後，孔子仍能講出這番話，可見他是多麼樂觀、知天命啊！

歷久彌新說名句

「近者說，遠者來」，後來成為成語「近悅遠來」，今天我們常在古裝片中看到「悅來客棧」，店名也是出自於《論語》呢！

古代和現代雖然政體不同，但是為政者想要政通人和的話，道理都是千古不變的，就是要「愛民如子」。漢代劉向在《說苑・政理》有言：「善為國者遇民，如父母之愛子、兄之愛弟，聞其饑寒為之哀，見其勞苦為之悲。」唯有人民豐衣足食、心情愉快，為政者才能得到老百姓的擁護。《孟子・公孫丑》中有一句：「得道者多助，失道者寡助。寡助之至，親戚畔之。多助之至，天下順之。」平時常見的「得道多助」便是出自孟子的這段話。它的意思就是：如果站在正義的一方行事，就能得到許多協助，相反的，就會失道寡助。寡助到最後，甚至連親戚都會背叛你，而如果得道多助至於極點的話，天下人都會來歸附，自然可以得到民心。

百姓就像水，「水能載舟，亦能覆舟」，得民心的話，施政就像順水行舟，自然「近者說，遠者來」；但如果不得民心的話，施政將如同在急流中行舟，困難重重。關於為政者要如何使近悅遠來，《老子》六十六章強調：「欲上民，必以言下之；欲先民，必以身後之。」意思是，想要處於領導人民的上位，一定要成為在下人民的喉舌；想要在人民之先領導人民，就要把自身的利益放在人民之後。《晏子春秋》中也有云：「節欲則民富，中聽則民安。」對於這樣把百姓的利益放在前頭，又能傾聽人民聲音的領導者，人民自然「樂推而不厭」，這不就是「近者悅，遠者來」的境界嗎？為政之道，首重民心，這道理在任何需要管理的情境中都是顛撲不破的。

以不教民戰，是謂棄之

名句的誕生

子曰：「以[1]不教[2]民戰，是謂棄[3]之。」

〈子路・三十〉

完全讀懂名句

1. 以：「用」的意思。
2. 教：教導，訓練。
3. 棄：拋棄。

孔子說：「用未經過訓練的人民組成軍隊去作戰，就等於將人民送給敵人、捨棄他們不顧。」

名句的故事

孔子身處春秋之世、列國爭霸之際，對於戰爭軍事不可能完全避而不談。《史記・孔子世家》記載，魯定公在位時，孔子擔任大司寇一職，對於魯國的政事有諸多建樹，而當時齊國強勢，想要取代周天子的地位，每每對魯國產生威脅。齊景公在晏嬰的建議之下，對魯定公提出「夾穀會盟」的邀請，魯定公則委請孔子負責會盟事宜。孔子便表示：「臣聞有文事者必有武備，有武事者必有文備。」意思是，有文化建樹的國家必然會有軍事準備，有軍事準備的國家也一定懂得文化禮節。因此，孔子建議魯定公安排兵士護駕，要謹防齊景公屆時突然起事。由此可見孔子對於戰事軍備的態度。

當孔子與子路談論用兵之事時，他說：「以不教民戰，是謂棄之。」就像魯國當時，對於他國沒有侵犯之意，但是其他國家卻屢屢威脅魯國，如果平時沒有教導人民作戰方法，並做好上場打仗的準備，一旦遇到戰爭，就會臨陣慌了手腳。

歷久彌新說名句

春秋戰國在「王道」與「霸道」的交織下，許多人對於戰爭與和平都有豐富的見解。〈衛靈公．一〉記載，衛靈公問孔子關於軍隊布陣的事情，孔子回答說：「俎豆之事，則嘗聞之矣；軍旅之事，未之學也。」意即：「關於祭祀禮制的事，我倒是聽說過；至於軍隊征伐的事，我卻沒學過。」對於軍陣，為什麼孔子沒有答案呢？因為孔子認為，政事比軍事更重要，如果政事沒有處理好，即使有很精銳的軍隊，也是無用。更何況在孔子的標準中，衛靈公是無道之君，所以孔子乾脆告訴他沒學過。

政事先於軍事，就是要先照顧好百姓，所謂「足食，足兵，民信之矣」（〈顏淵．七〉）。戰國時，魏將吳起也說：「故用兵之法，教戒為先。一人學戰，教成十人；十人學戰，教成百人；百人學戰，教成千人；千人學戰，教成萬人；萬人學戰，教成三軍。」（《吳子．治兵第三》）吳起的意思是，調用軍隊首先要教導戰術，一個人學好去教導十個人，十個人學好就可以教出一百個人，如此百人成千人，千人成萬人，軍隊成形。由此可見古人對於養民、教民的重視，教民也不只是倫理道德，還包括教民如何面對戰爭，恪遵「教而後戰」的原則。

西方對於戰爭闡述最精采的是克勞塞維茲（Carl von Clausewitz，一七八〇至一八三一）的《戰爭論》，此書充分表達「戰爭是政治的工具」概念。作者認為戰爭不是獨立的，應視為政治性的工具，是政治關係的一種延續，戰爭如何發展，取決於政策如何發展。縱觀十九世紀以來，歐美兩大洲的各式戰爭，包括第一次世界大戰，均反映了克勞塞維茲的軍事思想。

名不正，則言不順

名句的誕生

子路曰：「衛君[1]待子而為政，子將奚先[2]？」子曰：「必也正名[3]乎？」子路曰：「有是哉？子之迂[4]也！奚其正？」子曰：「野[5]哉由也！君子於其所不知，蓋闕如[6]也。名不正，則言不順；言不順，則事不成；事不成，則禮樂不興；禮樂不興，則刑罰不中[7]；刑罰不中，則民無所措[8]手足。故君子名之必可言也，言之必可行也。君子於其言，無所苟[9]而已矣。」

〈子路・三〉

完全讀懂名句

1. 衛君：指衛靈公的孫子出公輒，輒的父親蒯聵是太子，因罪逃往國外，靈公卒，由輒繼為衛君。後來蒯聵回國，取得君位，輒則出奔，因此稱為出公輒。
2. 奚先：指以什麼為先。
3. 正名：名指名分，當時衛出公在位，但其父蒯聵出亡在外，卻不得繼位，父子君臣的名分有待導正。
4. 迂：遠於事情，不切實際，指不是今日之急務。
5. 野：不明白事理。
6. 闕如：闕，缺少、沒有的意思。如，語助詞。
7. 中：公正不偏不頗。
8. 措：安置。無所措手足，就是連手腳都不知怎麼放。
9. 苟：苟且、將就。

子路說：「如果衛君有意請您去治理國政，您要從哪一件事開始做起？」孔子說：「首先必須導正名分吧！」子路說：「有這個必要嗎？您未免太過不切實際了吧！這名又如何導正起啊！」孔子說：「你真是不明事理！君子對於自己不懂的事，就應該保留不說。名分不正，那麼說出來的話就不合理；話不合理，什麼事也辦不成；事情辦不成，便不能推行禮樂；禮樂不能推行，單用刑罰，刑罰就不會公正；刑罰不公正，民眾就會手足無措。因此，君子定下名來，必定要能說得出口，說得出來一定要能夠行得通，君子對於自己的言論，沒有一絲苟且。」

名句的故事

《左傳》記載，魯定公十四年，衛靈公的兒子蒯聵因為痛恨母親南子淫亂，派人想殺死母親不成，而逃到宋國。這一年衛靈公過世，南子立了蒯聵之子輒為衛國的君王，之後晉國派兵幫助蒯聵意欲奪回政權，並且攻陷了衛國數座城池，他的兒子輒不答應退位，歷史家稱他們父子爭國。

根據《史記・孔子世家》，孔子說這段話時為輒在位為衛君的第四年，當時孔子弟子高柴、子路等皆在衛國當官，輒希望孔子輔佐他，因此請子路來問孔子這段話。孔子說「必也正名乎」，就是希望輒能先將王位還給應該繼承王位的父親，做不到就免談。

不過，輒並沒有將王位還給父親，孔子所預言的悲劇還是發生了，蒯聵最後攻下衛國成為衛君，而輒也逃亡了。在這場戰事中，孔子的弟子子路因此喪命，讓孔子傷心不已。

歷久彌新說名句

「名不正，則言不順」，現在多簡稱為「名正言順」，儒家相信，有正確的、穩固的名實關係，才會有安定的秩序，一旦名實關係出現錯亂，必須根據一定的原則進行「正名」。有人誤以為正名後就一切水到渠成，然而這只是第一步。

「名正言順」現常被用於婚姻與政治，前者指的是必須有真名實份，才算是真正的夫妻，而後者是指要有正當的理由，才能從事某些政治或軍事行動。

在張愛玲的《傾城之戀》中便曾出現婚姻名分的弔詭。「柳原現在從來不跟她鬧著玩了。他把他的俏皮話省下來說給旁的女人聽。那是值得慶幸的好現象，表示他完全把她當自家人看待——名正言順的妻。然而流蘇還是有點悵惘。」

《三國演義》寫到諸葛亮勸劉備在四川自立為帝時說：「今大王名正言順，有何可議？豈不聞天與弗取，反受其咎？」就是指劉備原為漢室後人，稱帝乃是「名正言順」，不稱帝反而會招致天怒人怨。

而僭越本分、以下犯上，司馬昭當屬「代表人物」。三國末年，魏國大權掌握在大將軍司馬昭之手，魏帝成了傀儡。有一天魏帝召集侍中王沈和尚書王經商量對付司馬昭的方法，他說：「司馬昭之心，路人皆知也。」司馬昭想殺死魏帝篡位的念頭，連路人都知道。然而，王沈和王經兩人卻倒向司馬昭，魏帝隨即死於非命。此後，「司馬昭之心」便指一個人不安本分、野心極大。

不在顓臾，而在蕭牆之內也

名句的誕生

孔子曰：「求！君子疾夫：舍曰欲之[1]，而必為之辭[2]。丘也聞有國有家者[3]，不患寡而患不均，不患貧而患不安[4]。蓋均無貧，和無寡，安無傾。夫如是，故遠人[5]不服，則修文德以來之[6]。既來之，則安之。今由與求也，相夫子，遠人不服而不能來也；邦分崩離析[7]而不能守也，而謀動干戈[8]於邦內。吾恐季孫之憂，不在顓臾，而在蕭牆[9]之內也！」

〈季氏．一〉

完全讀懂名句

1. 舍曰欲之：心中是貪圖利益，但是嘴上卻不說。
2. 辭：掩飾的話。
3. 有國有家者：有國者指諸侯，有家者指食邑之卿、大夫。
4. 不患寡而患不均，不患貧而患不安：依照清朝俞曲園所著《古書疑義舉例》，「寡」和「貧」兩個字應該互調，因為「貧」和「均」指財而言，「寡」與「安」指人而言。不均是指貧富懸殊，不安是說上下不協。
5. 遠人：遠方的人，依照朱熹的說法，是指顓臾。
6. 修文德以來之：修是整治；文德指禮樂文教；來是招徠，使來歸附的意思。
7. 分崩離析：內部四分五裂、支離破碎。
8. 動干戈：干和戈均是古代武器的名稱，此處用來指發動戰爭。

9. 蕭牆：蕭是肅敬，牆是屏門。古代君臣相見之禮，至屏而肅敬，所以蕭牆，用來比喻內部或至近之地。

孔子說：「求！君子最痛恨的就是：有意隱瞞自己的貪欲，卻還一味地為自己說些牽強的話來搪塞。我曾經聽說過，有國有家的國君不愁土地、人民太少，只愁不能使人民安定；不愁貧乏，只愁不能將財富分配平均。如果能各得其分，使財富分配平均的話，就不會有貧乏的情形；彼此和洽，就不會嫌人民少；上下相安，就不會有傾覆的危險。能這樣，遠方的人還不順服的話，我便整頓禮樂文教去感化他們。當他們前來歸附時，便要安撫他們。現在由和求兩人做季氏的家臣，遠方的人不順服，而不能使他們歸附，國家分離瓦解，又不能保持完整，卻還想在國境之內妄動軍事，我恐怕季孫的禍患不在外面的顓臾而在是在自家裡面啊！」

名句的故事

在西元前六五九年，季友立公子姬申為國君，也就是魯僖公。同年，季友迫使莒國將亂臣慶父交還魯國。由於季友對魯國王室忠心耿耿，並魯國的安定有所貢獻，僖公把汶水北方的土地以及費這個地方賜給他，並命季氏世代為上卿。於是，費地成為季氏的私邑，而季友的子孫被稱為季孫氏。而顓臾在商代即是方國，周成王時顓臾是魯國附庸，位於魯國首都曲阜和季氏采邑費城之間，周王室授權它祭祀蒙山。現在季孫氏竟以顓臾靠近費邑，將來會給子孫帶來威脅為藉口，打算對這在魯國疆域之內的附庸國大動干戈，孔子十分反感，並反對他的擅自征伐。這時，子路和冉求分別擔任季孫氏的家臣和費邑宰，他們把這個消息告訴了老師之後，孔子說明季氏不應攻伐顓臾的理由，最後這句「吾恐季孫之憂，不在顓臾，而在蕭牆之內也」，真是一語道破了季氏伐顓臾的真正原因啊！

蕭牆原指宮室內當門的小牆或屏風，但這裡

的「蕭牆之內」則暗指魯君。當時季孫氏把持魯國朝政，擔心有朝一日魯君收回主權，顓臾會幫助魯君，於是打算先下手為強，消滅顓臾。所以孔子的意思是，季孫之憂不在顓臾，而在魯君（蕭牆之內）。之後，這句話就演變為「禍起蕭牆」或「蕭牆之變」，喻指禍患出於內部。

歷久彌新說名句

「不在顓臾，而在蕭牆之內也」或是「禍起蕭牆」，讓人聯想到「兄弟鬩牆」這句成語，指兄弟內部失和，源自於《詩經・小雅・常棣》：「兄弟鬩於牆，外禦其務。每有良朋，烝也無戎。」意思是說，兄弟在家裡雖然爭吵不休，一旦遇有外侮，卻能共同抵禦，而平日的好朋友，遇到事情卻不會來相助。後來「兄弟鬩牆」，也用來比喻團體內部不和睦。

「牆」這個字在日常生活中是很普遍的，指區隔內外或劃分空間之物。在歐洲曾有一座硬生生區隔人類自由靈魂的圍牆「柏林圍牆」，第二次世界大戰過後德國分為東、西德，東德政府就在在一九六一年八月十三日於柏林建了一道圍牆，以防止東德人逃到西德，結果西柏林被圍成孤島，從此，柏林被分為東西兩部分，這就是冷戰的開頭。直到三十多年後，一九八九年十一月四日，東柏林舉行五十萬民眾的廣大遊行，東德領導人在和平示威的壓力下終於辭職並宣布新法令，使東德人民享有自由旅行權利，並拆除柏林圍牆結束了東西德多年的敵對局面。今天在柏林還可以看到圍牆遺跡以及牆上的塗鴉，紀念這段充滿血淚的歷史。而現在也有人用「如柏林圍牆的倒塌」一語，來比喻勝利在望。

惡紫之奪朱也，惡鄭聲之亂雅樂也

名句的誕生

子曰：「惡紫[1]之奪朱[2]也，惡鄭聲[3]之亂雅樂[4]也，惡利口[5]之覆[6]邦家[7]者。」

〈陽貨・十八〉

完全讀懂名句

1. 紫：以黑加赤而為紫，中間色、雜色。
2. 朱：紅色，古人以朱為正色，喻正統。古人認為的正色尚有黃、藍、白、黑。
3. 鄭聲：指鄭國的音樂，即相對於典禮祭祀音樂（雅樂）的地方俗樂，喻淫靡之聲。
4. 雅樂：先王的雅正之樂，中正和平，能調和性情。
5. 利口：具口才的小人。
6. 覆：傾覆，毀滅。
7. 邦家：國家。

孔子說：「我厭惡紫色奪去了紅色的光彩；厭惡鄭國荒淫的音樂，擾亂了先王的雅正之樂；厭惡花言巧辯顛倒是非，使國家傾覆滅亡。」

名句的故事

孔子雖然是商族後裔，但卻極為推崇周朝的禮儀、服色、音樂。隨著周王室中央政權的衰落，周朝的「禮樂」自然也開始崩壞。魏文侯就曾經公開宣稱不喜歡聽古樂（雅樂），當他聽到新的流行樂曲時，還會入迷地手舞足蹈起來。

看到這些現象，孔子無法手舞足蹈，而是痛

心不已。孔子是一位理想主義者，他心目中一直存在著一幅完美的社會藍圖。那圖像是古典、高雅的，色調是渾純、正直的紅，音樂是莊重、和諧的正統之樂，人物長幼有序、謙卑有禮。

而孔子自己所身處的現實環境自然不是這幅景象。春秋各國混亂無序，可說是「朱不朱、樂不樂」，對孔子來說，是一種異端取代正統、劣幣驅逐良幣的墮落。因此他嚴厲地批評道：「我厭惡那混雜的紫色迷亂人眼，取代了純正的朱紅；我厭惡那輕浮的鄭國音樂迷惑人耳，取代了莊重的雅樂。我更痛恨那邪說妖言擾亂是非，顛覆家國秩序。」

歷久彌新說名句

痛恨「紫之奪朱」者，可不只孔子一人。明末清初文人徐述夔就曾引詩暗諷清朝之奪取明朝：「奪朱非正色，異種亦稱王。」明朝皇帝即姓朱，而「異種」則指清朝統治者原是外來民族，而非漢人。結果，這兩句詩被人檢舉通報，大大興了一場文字獄。

而據傳著名的武俠小說家金庸筆下也借用了「紫之奪朱」的典故，而為其小說《天龍八部》中的兩位女角命名為阿紫與阿朱，暗示兩人的命運與糾葛。姑且不論此「紫朱」究竟是否為彼「紫朱」，雖然朱色為古代的正色，具有正統的崇高地位，但是隨著歷史的發展，紫色後來已經得到認可而成為官方的代表顏色。《漢書．百官公卿表》就記載：「相國、丞相，皆秦官，皆金印紫綬，掌丞天子助理萬機。」

歷史上，聽到莊重祥和的雅樂就昏昏欲睡，聽見活潑生動的地方俗樂（如鄭聲等）就想跳舞的也不只魏文侯一人。後來地方音樂漸漸地被採納改制為宮廷音樂，例如漢高祖的〈大風歌〉：「大風起兮雲飛揚……。」。暫且不論究竟鄭聲等地方音樂是否真的是敗壞人心的靡靡之音，可以確定的是，孔子心目中盡善盡美、淨化人心的治世之樂——周朝雅樂，它反映出某一時代欣賞音樂的品味，而品味是會隨著歲月而改變的。

中文經典100句 01

台灣師範大學國文系 季旭昇 教授　總策畫
文心工作室　編著
定價 二〇〇 元

愛之欲其生，惡之欲其死

【名句的誕生】

子曰：「主忠信，徙義，崇德也。愛之欲其生，惡之欲其死；既欲其生，又欲其死，是惑也。」

～《論語・顏淵・十》

【完全讀懂名句】

孔子說：「親近忠信的人，讓自己趨近於道義，就是提高品德。喜歡一個人時，就希望他好好活著；厭惡一個人時，便希望他快快死去，既要他活著，又要他死去，這就是迷惑。」

【名句的故事】

孔子在衛國期間，曾發生一樁駭人聽聞大事，即衛國太子蒯聵刺殺生母南子，形跡敗露後，蒯聵逃到宋國。這之間是怎樣巨大的愛恨糾葛？

【歷久彌新說名句】

張愛玲說：「生得相親，死亦無恨。」應可作為她情感的註腳。只是時事更迭，她絕口不提過往的一切。德國劇作家布萊希特在〈頌愛人〉中，也描寫出愛惡的矛盾：「當時她見我就生氣，但愛我仍堅定不移。」既愛又恨，人類的情感令人疑惑啊！

《蘋果日報》總主筆卜大中、臺北大學中國語文學系副教授 馬寶蓮 強力推薦

中文經典100句 02

台灣師範大學國文系 季旭昇 教授　總策畫
公孫策 著
定價 二〇〇 元　特惠價 一二九 元

以色事人者，色衰而愛弛
【名句的誕生】
韋因使其姊說夫人曰：「吾聞之，以色事人者，色衰而愛弛。……」
～漢・司馬遷《史記・呂不韋列傳》
【完全讀懂名句】
呂不韋請華陽夫人的姊姊對夫人說：「我聽說，以美貌事奉人者，一旦年華逝去，美貌衰退，寵愛也就消失了。……」
【名句的故事】
敘述眼光獨到、手腕高明的呂不韋，如何打動秦太子寵姬華陽夫人的心，讓子楚繼位為王，而自己成為權傾一時的宰相，以及秦國雄霸天下整個過程中最具關鍵性的那一幕與那一句話。
【歷久彌新說名句】
現代社會中，誰是「以色（藝）事人者」，你能體會他們「色衰而愛弛」的危機意識嗎？
【名句可以這樣用】
教你如何引經據典，名句脫口出，下筆有如神，國語文能力讓人刮目相看！

北市明湖國中校長 朱桂芳、小說家 廖輝英、作家、媒體人 蔡詩萍 強力推薦

中文經典100句 03

台灣師範大學國文系 季旭昇 教授　總策畫
文心工作室 編著
定價 二四〇 元

落霞與孤鶩齊飛，秋水共長天一色

【名句的誕生】

落霞與孤鶩齊飛，秋水共長天一色。

～唐・王勃〈滕王閣序〉

【完全讀懂名句】

天邊落霞與江上孤鶩一同飛舞，碧綠秋水和蔚藍長天相映成趣。

【文章背景小常識】

〈滕王閣序〉的作者王勃的父親王福被貶至交趾擔任縣令，這篇文章就是王勃到交趾省親時，途中經過南昌，正趕上都督閻伯嶼新修滕王閣成，重陽日在滕王閣大宴賓客，王勃在席間寫成的。

【名句的故事】

在滕王閣大宴賓客的閻都督原是要向大家誇耀自己女婿的才學，宴會中，閻都督假意請大家為滕王閣作序，王勃竟然不推辭，還接過紙筆，當眾揮筆而書。閻都督老大不高興，拂衣離席，後來才打發人去看王勃寫些什麼。起先只覺老生常談，但聽到「落霞與孤鶩齊飛，秋水共長天一色」，都督不得不歎服道：「此真天才，當垂不朽！」

【歷久彌新說名句】

社會新聞的家庭暴力事件常可見「拳腳與棍棒齊飛，汗水共淚水一色」的消息；娛樂新聞則來個「那英與群英齊飛，星光共星島一色」。

名作家、建中資深國文教師 陳美儒、淡江大學中文系教授 曾昭旭 強力推薦

國家圖書館出版品預行編目資料

中文經典100句——論 語 / 文心工作室　編著.
-- 初版. --臺北市 : 商周出版 : 家庭傳媒城邦分公司發行, 2005[民94]
面：　　公分.--（中文經典100句；1）

ISBN 986-124-333-X（平裝）

1. 論語—選擇
121.222　　94000760

中文經典100句01
論 語

作　　者／文心工作室
（林宛蓉、施教麟、翁淑玲、高永謀、郭芳如、賴美玲、顏之之）
總 編 輯／林宏濤
責任編輯／程鳳儀
發 行 人／何飛鵬
法律顧問／台英國際商務法律事務所 羅明通律師
出　　版／商周出版
台北市104民生東路二段141號9樓
電話：(02) 25007008　傳眞：(02)25007759
E-mail：bwp.service@cite.com.tw
Blog：http://bwp25007008.pixnet.net/blog
發　　行／英屬蓋曼群島商家庭傳媒股份有限公司城邦分公司
台北市中山區104民生東路二段141號2樓
書虫客服服務專線：02-25007718；25007719
服務時間：週一至週五上午09:30-12:00；下午13:30-17:00
24小時傳眞專線：02-25001990；25001991
劃撥帳號：19863813；戶名：書虫股份有限公司
讀者服務信箱：service@readingclub.com.tw
城邦讀書花園：www.cite.com.tw
香港發行所／城邦（香港）出版集團有限公司
香港灣仔駱克道193號東超商業中心1樓
E-mail：hkcite@biznetvigator.com
電話：(852) 25086231　傳眞：(852) 25789337
馬新發行所／城邦(馬新)出版集團 Cite (M) Sdn. Bhd.
41, Jalan Radin Anum, Bandar Baru Sri Petaling,
57000 Kuala Lumpur, Malaysia.
Tel: (603) 90578822　Fax: (603) 90576622
Email: cite@cite.com.my
封面設計／徐璽
電腦排版／冠玫電腦排版股份有限公司
印　　刷／韋懋實業有限公司
經　　銷／聯合發行股份有限公司
地址：新北市231新店區寶橋路235巷6弄6號2樓
電話：(02)2917-8022　傳眞：(02)2911-0053

■2005年02月24日初版　printed in Taiwan
■2018年05月30日初版24.5刷
定價200元
 ISBN 986-124-333-X